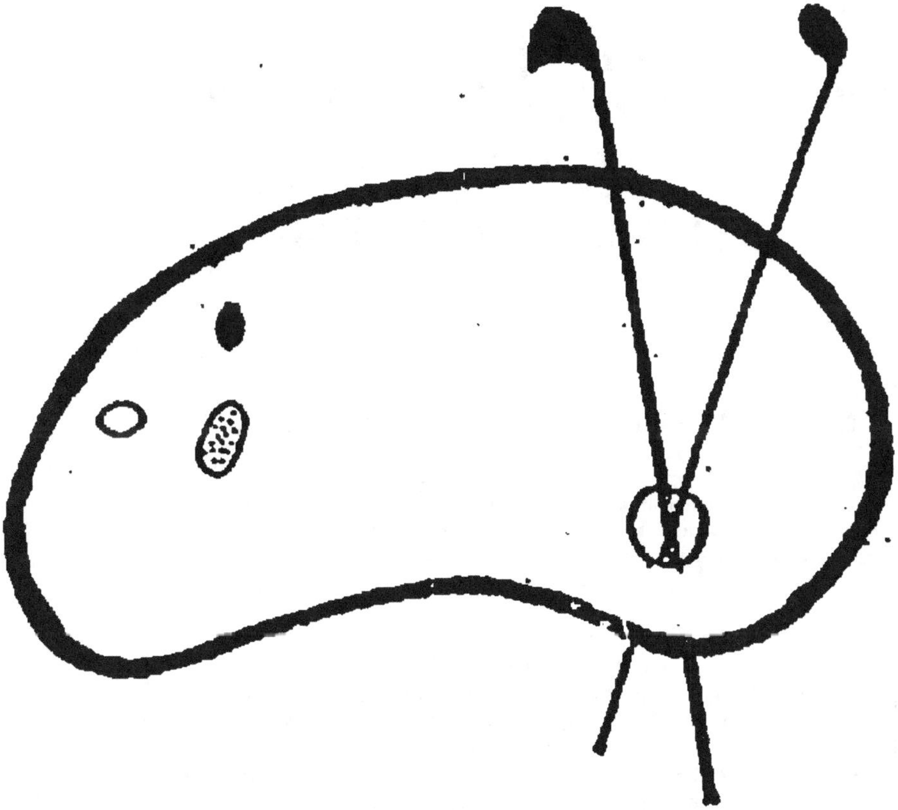

DEBUT D'UNE SERIE DE DOCUMENTS
EN COULEUR

Paul MATRAT (Maret)

OFFICIER D'ACADÉMIE

L'ÉPARGNE JOURNALIÈRE

POUR

GARANTIR LA VIEILLESSE

EXPOSÉ

SUR L'ORGANISATION ET LA PUISSANCE DE L'ÉPARGNE LA PLUS MINIME

APPROUVÉ ET RECOMMANDÉ
PAR LA COMMISSION DES BIBLIOTHÈQUES SCOLAIRES (MINISTÈRE DE L'INSTRUCTION PUBLIQUE)
PAR LE MINISTÈRE DE L'INTÉRIEUR, LA SOCIÉTÉ FRANKLIN, ETC.
ADMIS DANS LES BIBLIOTHÈQUES DE LA GUERRE, DE LA MARINE,
BIBLIOTHÈQUES MUNICIPALES, ETC.

La vieillesse sans ressources.
Simples mesures à prendre par le travailleur pour se garantir.
Puissance de l'épargne journalière la plus faible.
Son organisation.
Pensions de 400 francs ou de 800 francs à l'âge de soixante ans,
en épargnant 5 ou 10 centimes par jour.

NOUVELLE ÉDITION

PARIS

LIBRAIRIE DES ÉCONOMISTES
GUILLAUMIN et Cie, éditeurs
14, RUE DE RICHELIEU, 14

LIBRAIRIE ADMINISTRATIVE
PAUL DUPONT, éditeur
41, RUE JEAN-JACQUES-ROUSSEAU, 41

1882

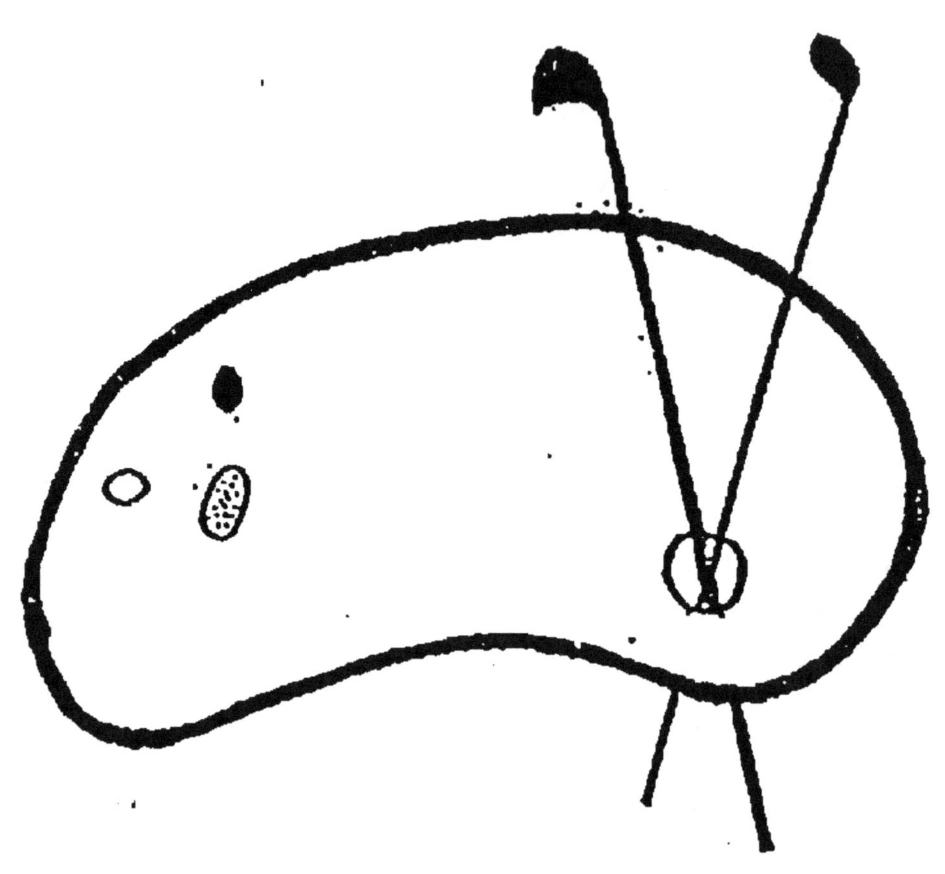

FIN D'UNE SERIE DE DOCUMENTS
EN COULEUR

L'ÉPARGNE JOURNALIÈRE

POUR

GARANTIR LA VIEILLESSE

Je dédie ce travail, comme un témoignage d'affection et de reconnaissance, à mon cher et bien-aimé frère, à qui je dois attribuer ce qu'on voudra trouver de bon dans cet exposé, et faire remonter la pensée d'essayer de produire un peu de bien.

P. M.

Paul MATRAT (Maret)

OFFICIER D'ACADÉMIE

L'ÉPARGNE JOURNALIÈRE

POUR

GARANTIR LA VIEILLESSE

EXPOSÉ

SUR L'ORGANISATION ET LA PUISSANCE DE L'ÉPARGNE LA PLUS MINIME

APPROUVÉ ET RECOMMANDÉ
PAR LA COMMISSION DES BIBLIOTHÈQUES SCOLAIRES (MINISTÈRE DE L'INSTRUCTION PUBLIQUE)
PAR LE MINISTÈRE DE L'INTÉRIEUR, LA SOCIÉTÉ FRANKLIN, ETC.
ADMIS DANS LES BIBLIOTHÈQUES DE LA GUERRE, DE LA MARINE,
BIBLIOTHÈQUES MUNICIPALES, ETC.

> La vieillesse sans ressources.
> Simples mesures à prendre par le travailleur pour se garantir.
> Puissance de l'épargne journalière la plus faible.
> Son organisation.
> Pensions de 400 francs ou de 800 francs à l'âge de soixante ans,
> en épargnant 5 ou 10 centimes par jour.

NOUVELLE ÉDITION

PARIS

LIBRAIRIE DES ÉCONOMISTES
GUILLAUMIN et Cie, éditeurs
14, RUE DE RICHELIEU, 14

LIBRAIRIE ADMINISTRATIVE
PAUL DUPONT, éditeur
41, RUE JEAN-JACQUES-ROUSSEAU, 41

1882

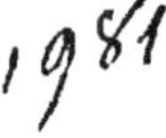

TABLE DES MATIÈRES

OUVRAGES DU MÊME AUTEUR

L'Épargne journalière capitalisée pour garantir la vieillesse.
Exposé sur l'organisation et la puissance de l'épargne la plus minime. —
Étude générale et pratique de la question. — (Guillaumin et Paul
Dupont, Éditeurs, à Paris. — 2 fr.)

Épargne spéciale à l'École pour garantir l'avenir.
Notions propres à être enseignées et appliquées à l'École et dans les cours
d'adultes. (Mêmes éditeurs. — 1 fr.)

Les Conseils du Père Vincent ou les Bienfaits de l'Épargne.
Récit anecdotique indiquant les éléments essentiels et les effets de l'épargne.
Ce livre peut être utilement distribué comme prix dans les écoles et les
cours d'adultes. — (Prix, broché, 1 fr. 50 c.)

La Caisse des retraites de l'État et les Sociétés de secours mutuels.
(Mêmes éditeurs. — 75 centimes.)

NOTRE BUT

Nous prendrons pour exorde les paroles suivantes :

« Celui qui a rempli son devoir dans la société devrait être as-
« suré de se trouver à l'abri de la misère pendant sa vieillesse,
« par suite de ses efforts et de son travail. »

Cette pensée a été souvent exprimée ; malheureusement, elle est restée, jusqu'à présent, dans le domaine de la théorie, et les personnes qui l'énoncent se bornent, en général, à formuler ce vœu, sans croire à la possibilité de le réaliser.

Nous voulons démontrer que ce résultat peut être obtenu avec certitude, sans aucun trouble pour la société, en se basant exclusivement sur le travail et les sentiments d'ordre et de famille.

Le moyen est simple et pratique, et nous nous appuierons sur des chiffres indiscutables : ceux qui résultent des tarifs de la Caisse des retraites pour la vieillesse.

L'indigence pendant la vieillesse, la misère avec toutes ses douleurs, en dépit d'une existence consacrée tout entière au travail, est un fléau qui vient assiéger la classe ouvrière et s'étend souvent aux rangs plus élevés.

Les conséquences de cet état de choses sont graves à tous les points de vue, et personne, croyons-nous, ne doit être indifférent à la solution de cette question : le déshérité y trouvera la tranquillité pour ses derniers jours, le maintien de sa dignité, de son foyer, de ses joies de famille ; le riche, par humanité et dans son intérêt même, applaudira aux succès obtenus.

Nous rappellerons tout d'abord les difficultés de la vie pour l'artisan, et nous verrons que, livré à lui-même, il lui est très-difficile d'épargner suffisamment sur son salaire, et surtout de conserver ses économies assez intactes pour garantir son avenir d'une manière certaine, c'est-à-dire qui lui permette d'avoir toujours conscience d'atteindre le but poursuivi.

Nous démontrerons ensuite qu'il suffirait d'un effort presque insensible, mais régulier et persistant, pour mettre infailliblement à l'abri du besoin la vieillesse de toute personne qui n'a pour vivre qu'un salaire modique.

Supprimer d'une manière absolue le doute à cet égard, faire disparaître pour tous l'horrible perspective du manque de ressources pendant les dernières années de la vie, vulgariser le grand résultat qu'on peut obtenir avec une épargne très-faible, mais permanente et considérée comme sacrée, tel est notre but.

Pour simplifier, nous prendrons comme type l'ouvrier parisien, estimant que le dénûment pendant la vieillesse est plus redoutable dans une grande ville que partout ailleurs. Ce qui sera vrai ici s'appliquera, dans une certaine mesure, pour tout autre lieu.

Cette qualification d' « ouvrier » n'a rien de limitatif pour nous. Nous entendons parler ici, non-seulement de l'ouvrier proprement dit, mais de toute personne qui n'a, pour vivre et élever sa famille, que le produit de son gain journalier, c'est-à-dire l'ouvrier, l'artisan, le commis, l'employé, le cultivateur, le domestique, le journalier, les femmes de mêmes conditions, etc., en un mot le journalier de toute nature. Toutes ces appellations seront synonymes pour nous, et nous les emploierons toutes au même titre.

Nous serons contraints d'entrer dans des détails qui paraîtront sans doute bien terre-à-terre ; mais les besoins journaliers de l'existence n'ont rien de poétique, et pour mesurer les efforts à demander, il faut, au préalable, envisager les difficultés que doit vaincre chaque jour celui qui gagne sa vie par un travail peu lucratif.

D'ailleurs, s'il est nécessaire d'examiner la question sous son côté matériel, pour obtenir une solution pratique essentiellement applicable, on comprendra qu'elle n'en comporte pas moins des conséquences morales de l'ordre le plus élevé, dont l'extrême importance n'échappera à personne.

PREMIÈRE PARTIE

DE LA CONDITION ET DES RESSOURCES DE L'OUVRIER AU POINT DE VUE DE L'ÉPARGNE A FAIRE POUR SA VIEILLESSE

1° L'ouvrier livré à lui-même peut-il s'assurer des ressources pour la vieillesse et surtout les conserver?

(*Condition de l'ouvrier livré à lui-même. — Défaillances. — Nécessité d'établir une règle d'épargne.*) — Nous croyons que toutes les personnes qui ont étudié cette question avec soin et sans parti pris répondront, avec nous, que, malheureusement, il est à peu près impossible à l'ouvrier de s'assurer des ressources suffisantes pour sa vieillesse, et surtout de les conserver, s'il reste livré à lui-même.

Mais, d'un autre côté, quelques personnes pourraient peut-être, en citant des exemples d'intempérance, beaucoup trop fréquents, et des habitudes irrégulières, affirmer, non sans apparence de raison, que les ressources sont suffisantes pour parer facilement aux exigences de la vie à toute époque, et que, dès lors, il n'y a pas lieu de faire quoi que ce soit, laissant complétement aux intéressés le soin de songer à leur avenir.

Ceci est vrai dans une certaine mesure, en ce sens que l'ouvrier peut et doit contribuer lui-même à cet avenir. Mais, si l'on considère l'homme marié, ayant des enfants à élever, c'est-à-dire placé dans les conditions normales de la vie, on trouvera que le gain est bien limité par la force des choses, que les charges sont très-lourdes, les accidents, les maladies, le manque de travail trop fréquents.

L'on reconnaîtra que pour vaincre, dans l'intérêt de l'avenir, les faiblesses humaines et résister aux exigences impérieuses du présent, il faut fixer une règle d'épargne établie dans de justes limites pour donner la certitude d'atteindre le but, puis aider à la suivre doucement d'une manière permanente et régulière, au lieu d'abandonner chacun aux hasards d'une volonté inconstante.

Pour arriver à déterminer cette règle et les moyens d'application, nous prions qu'on nous suive dans l'examen des conditions d'existence de la classe ouvrière, des efforts qu'on peut lui demander raisonnablement, et de l'aide qu'il serait utile de lui apporter.

Nous n'avons pas besoin de dire que nous ne nous occuperons que de l'ouvrier honnête et laborieux, offrant un point d'appui sérieux pour des améliorations, formant d'ailleurs l'immense majorité, et que toutes nos évaluations des nécessités de la vie seront des plus restreintes.

(*L'ouvrier pendant sa jeunesse.*) — Dans sa jeunesse, l'ouvrier profite des avantages de son âge; le plaisir s'offre à lui, il en prend sa part autant que possible; ses ressources sont bornées : qu'importe! il dînera, s'il le faut, d'un morceau de pain et d'un peu de fromage; il boira un demi-verre de vin; puis, vite le bal, le spectacle, la distraction qu'il a choisie.

Serait-il raisonnable de dire à un jeune homme de dix-huit ou vingt ans : « Tu n'as droit qu'au travail; quant au plaisir, il n'est pas fait pour toi! »? Évidemment non, personne n'y pense. Ce serait contre nature.

Ce n'est donc pas à cet âge que l'ouvrier fera de lui-même des économies réelles pour l'avenir.

(*L'ouvrier marié. — Première période du ménage.*) — Quelques années plus tard, le jeune homme désire se marier; il aime une jeune fille, comme lui, enfant d'ouvriers. La réflexion vient; il faut être raisonnable, se dit-il, et songer sérieusement à faire des économies : « Nous nous marierons quand nous aurons les 300 francs nécessaires pour acheter un mobilier et une toilette convenable. »

Trois mois après, on vide la tire-lire, il n'y a que 150 francs. Eh bien, nous attendrons encore autant. Le délai expire. Pour certains, 300 francs suffisent; pour les autres, la dépense s'élève à 500 francs, soit 200 francs de dettes.

Nous admettons que notre ouvrier n'a pas de dettes.

Les premiers temps du ménage sont heureux ; les deux époux travaillent, on peut se distraire le dimanche. Les dépenses journalières acquittées, il reste quelques épargnes que l'on emploie pour compléter les objets nécessaires à la vie de famille, et vous savez s'ils sont nombreux !

La jeune femme pense déjà à l'enfant qui va naître ; on abandonne les plaisirs, puisqu'il faudra que le petit être ne manque de rien. Néanmoins, c'est l'époque des illusions, du bonheur.

La femme est devenue mère. Il faut prendre un parti : garder le jeune enfant ou l'envoyer en nourrice. Il serait doux pour la mère de l'élever elle-même ; mais, dans ce cas, serait-il permis de songer encore au travail ? Malheureusement, non. Les mois de nourrice coûtent 25 francs, tandis qu'à l'atelier on gagne plus ; on pleure, mais l'enfant part.

Les épreuves commencent.

Il faut se rendre compte des dépenses de la vie, pour savoir ce que 25 francs prélevés sur le modeste gain d'un ménage d'ouvriers peuvent amener de gêne.

(*Premier budget du ménage. — Le gain.*) — Etablissons le budget du ménage.

Quel est le gain ordinaire d'un ouvrier?

En admettant 5 francs par jour, nous sommes évidemment au-dessus de la moyenne.

Quelques personnes diront que l'ouvrier gagne plus.

Certes il en existe; nous savons que des mécaniciens, des ciseleurs, des sculpteurs, etc., gagnent 6, 7 et 8 francs par jour, et quelquefois plus. Mais ce n'est pas la règle, et le travail n'est pas constant.

Cherchez, comme nous l'avons fait, et vous verrez que, dans la plupart des états, le chiffre de 5 francs est un maximum auquel beaucoup n'arrivent jamais.

La moyenne des journées des ouvriers de bâtiment n'atteint pas tout à fait ce chiffre, bien que ces corps de métiers soient, dans leur ensemble, classés parmi les plus lucratifs.

Les hommes de peine, les ouvriers des usines et des manufac-

tures ne gagnent pas autant en moyenne; il en est de même pour
bon nombre de métiers d'objets de fantaisie, dits articles de Paris,
sujets à des mortes-saisons fréquentes et prolongées.

D'ailleurs, il ne faut pas perdre de vue que notre étude s'applique
surtout à l'ouvrier laborieux, mais qui, par une cause quelconque,
n'a pu acquérir une meilleure position, et ce serait peut-être le plus
modeste qu'il faudrait envisager, parce que les nécessités de la vie
sont plus impérieuses pour lui que pour tout autre.

Nous ajouterons que les résultats du recensement fait en 1874 et
publié en 1875, donnent 2 fr. 65 comme moyenne générale du prix
de la journée en France, pour les ouvriers non nourris, moyenne
qui s'élève à 4 fr. 59 pour Paris seul.

Quoi qu'il en soit, nous prendrons le chiffre de 5 francs, comme
applicable au plus grand nombre à Paris.

Pour la femme, nous adopterons la somme de 2 francs par jour,
bien que ce chiffre soit très-élevé pour une moyenne. S'il est dé-
passé par quelques ouvrières, beaucoup ne l'atteignent pas d'une
manière permanente, et souvent même les plus habiles en gagnent
à peine la moitié, lorsqu'elles ont un ménage à soigner, un enfant
à élever.

Nous obtenons donc pour le ménage un produit de 7 francs par
jour de travail.

Pour se convaincre que cette évaluation est fort large, il suffit
de se rendre compte qu'elle donne un peu plus de 2,000 francs par
an. Il est certain que 1,800 francs, soit 6 francs par jour, serait
plus près de la vérité.

Combien peu de ménages d'ouvriers, même de ceux qui touchent
les plus belles journées, obtiennent un pareil résultat à la fin de
l'année! Nous en connaissons, de très-laborieux, qui gagnent à
peine la moitié de cette somme!

Conservons pourtant 7 francs par jour.

Cherchons maintenant le nombre des jours de travail dans un
mois.

Il faut déduire cinq absences pour les dimanches et jours de fête,
et souvent aussi quatre ou cinq lundis. Mais prenons la moyenne,
c'est-à-dire ce qui a lieu dans les grandes usines : le payement
tous les quinze jours, soit une demi-journée de perte par quinzaine.

Il reste donc 24 jours pleins de travail par mois, soit, pour le
mari et la femme, à raison de 7 francs par jour, une
recette de . . . . 168 fr.

(*Dépenses du jeune ménage.*) — Calculons la
dépense :

Loyer, 17 francs par mois (soit 200 francs
par an) . . . . 17 fr.

> Il est bien entendu que dans une ville comme
> Paris, le ménage, alors que l'atelier et le magasin
> seront dans le centre, habitera dans les faubourgs,
> c'est-à-dire parcourra souvent plus de 4 kilo-
> mètres de distance, matin et soir.

Mois de nourrice d'un enfant, menues
dépenses et objets à envoyer, ensemble . . 25 »
Habillements, linge, chaussures (10 francs
par personne). . . . . 20 »
Blanchissage. . . . . 8 »
Chauffage, éclairage, dépenses de maison. 8 »
Cotisation du mari et de la femme à la
Société de secours mutuels pour les soins et
les médicaments en cas de maladie. . . . . 4 »

Total de la dépense . . . . . 82 fr., ci : 82 fr.

Reste sur la recette. . . . . , 86 fr.

Il reste donc 86 francs pour la nourriture de deux personnes et
les petites distractions de toute nature, si toutefois il est possible
d'en prendre. Cependant une femme de vingt ans et un jeune
homme de vingt-cinq ans ne sont pas encore très-blasés sur les
joies de la vie.

Pour garder cette somme, il faut admettre qu'il n'y aura pas de
morte-saison et que la maladie n'interrompra pas le travail, que
l'homme aura toujours une excellente conduite, enfin que tout ira
régulièrement.

Remarquez, en outre, que nous n'avons prévu aucune
dépense pour omnibus et menus objets personnels, pour achat

de layette, frais d'accouchement et de séjour de la femme chez elle pendant ce temps. En vérité, si l'on voulait bien chercher toutes les dépenses d'un ménage, on verrait que notre évaluation est bien au-dessous de la réalité.

Néanmoins, s'il n'arrive aucun accident, la position de notre jeune ménage n'a rien que de normal. Ce sera pour lui l'époque heureuse de la vie, celle qui donnera les bons souvenirs.

Quelques personnes objecteront, sans doute, que les frais de blanchissage ne doivent pas figurer dans la dépense des ouvriers, la femme lavant ordinairement elle-même.

Cela est vrai pour la plupart des ménages ; mais dans ce cas, la femme travaille peu ou point à l'atelier, et les journées, telles que nous les avons prévues, doivent en souffrir.

D'ailleurs, en admettant que la femme blanchisse tout le linge, on ne pourrait pas supprimer entièrement la dépense de 8 francs que nous avons prévue à ce sujet ; il resterait quelques frais indispensables pour effectuer ce travail. L'économie serait donc fort légère.

Au résumé, toutes les évaluations de dépenses qui précèdent sont très-faibles ; chacun peut s'en convaincre en les recomposant en détail, jour par jour, pièce à pièce, pour le cours d'un mois ou d'une année ; si l'on parvient à retrancher quelque chose à grand'-peine, on trouvera certainement beaucoup plus à ajouter.

(*Seconde période du ménage. — Le gain et les charges.*) — La seconde période du ménage commence.

Il y a maintenant deux, trois ou quatre enfants. Les tourments surviennent, la maladie paraît plus souvent. Sur les quatre enfants, la mort en prend un, alors que les parents lui avaient déjà consacré des mois et même des années de soins.

La mère a été obligée de quitter l'atelier, attendu qu'il ne serait pas possible de payer pour élever deux ou trois enfants au dehors. La femme douée d'une santé exceptionnelle trouvera peut-être encore le moyen, tout en s'occupant de quatre personnes, de travailler un peu pour l'atelier. — Peut-on admettre qu'elle puisse gagner plus de 60 à 75. ou 1 fr. pendant les courts instants du jour où elle sera libre et les heures du soir où les enfants dorment ? Évidemment non, et dans tous les cas c'est un maximum.

Comptons donc 18 francs pour le mois, c'est-à-dire pour 24 jours de travail à 75 centimes. . . . .   18 fr.

Quant au mari, nous le savons, le gain de l'ouvrier qui ne passe pas contre-maître, n'augmente pas avec les années; dans certains états, au contraire, il diminue. Toutefois, gardons notre chiffre de 5 francs par jour de travail, soit, par mois.   120

Total de la recette mensuelle. . . . .   138 fr.

Mais nous avons maintenant des dépenses plus grandes. N'oublions pas cependant que la mère reste à la maison, qu'elle raccommode, blanchit les effets de tout ce monde et confectionne presque tous les vêtements, en un mot, fait son devoir complet de mère de famille.

Établissons de nouveau notre budget.

Nous admettons encore un loyer de 200 francs par an ; c'est pourtant bien peu pour cinq personnes. Nous n'aurons qu'une chambre à coucher, une autre petite pièce et une cuisine imperceptible. Néanmoins, il n'est pas possible au ménage de songer à une augmentation de dépense. Nous conserverons donc notre chiffre de 200 fr. par an.

Les habillements du père et de la mère étant utilisés pour les enfants, nous n'ajouterons que très-peu de chose à ce sujet; c'est d'ailleurs la dépense la plus aisément réductible sans entraîner de souffrances réelles ; nous compterons donc 250 fr. par an, ce qui, avec le loyer, donne un total annuel de 450 fr. représentant par mois 37 à 38 fr.; ci. . . . .   38 fr.

Nous n'avons plus de frais de nourrice ni de blanchissage, soit près de 33 fr. d'économie par mois. Mais afin de voir ce qu'il reste pour les menus frais de maison et la nourriture, il faut encore compter la cotisation à la Société de secours mutuels pour les

A reporter. . . .   38 fr.

Report . . . . 38 fr.

soins et les médicaments en cas de maladie. 4

(Nous ne parlons pas des frais d'école, attendu que nous supposons l'instruction gratuite.)

Total des dépenses. . . . . . 42 fr.

La recette étant de. 138

Il restera. . . . . 96 fr.

Il restera donc 96 francs pour la nourriture du père, de la mère et de deux ou trois enfants pendant un mois !

On le voit, il faut un véritable courage pour venir à bout d'une tâche aussi grande, que celle d'élever la famille.

(*Charges supplémentaires. — Soutien des vieux parents. — Maladies.*) — Malheureusement il se présente souvent bien des complications. Il y a d'autres devoirs à remplir : des vieux parents à soutenir, un plus grand nombre d'enfants, le manque de travail, ou la lutte contre la maladie.

Quel homme aurait la force de maintenir son épargne intacte dans ses propres mains, pendant les moments difficiles ?

Il faut donc qu'elle soit mise précieusement à l'abri, si l'on veut la retrouver au jour de la vieillesse, pour éviter des peines et des difficultés encore plus grandes et plus insurmontables.

(*Du recours à la charité. — Ses effets.*) — L'homme énergique résiste avec ardeur tant que ses forces le permettent; mais certains ne sont pas soutenus aussi longtemps par une noble fierté; ils croient la lutte au-dessus de leurs forces, se découragent trop vite, et alors que le besoin n'est pas absolu, ils demandent les secours réservés aux indigents.

Cette assistance qu'ils réclament est une aumône, et il est regrettable de voir s'abaisser devant la charité, la dignité qui ne devrait jamais abandonner l'homme.

L'habitude de demander s'établit ; on se dit. Je ne puis pas arriver seul, je n'ai pas le moyen de nourrir mes enfants, mon père, ma mère, ce n'est pas de ma faute. Il n'y a plus le réactif salutaire de la confiance en soi, qui fait dire : la vie est difficile et pénible, mais du moins je ne demande rien à personne. Le secours réclamé des autres finit par paraître un droit ; on y habitue ses enfants, on se dit que l'organisation de la société le veut ainsi, et l'on mendie de père en fils. Quelques-uns même, ne s'apercevant pas qu'ils reçoivent une aumône, ne travaillent plus avec courage, dépensent au cabaret l'argent qui leur permettrait de soutenir leur famille, et donnent ainsi raison aux personnes qui reprochent à l'ouvrier de se laisser aller à la paresse et au vice honteux de l'ivrognerie.

(Approche de la vieillesse. — Le gain diminue; l'épargne manque; la misère survient.) — Toutefois, rappelons-nous que notre but principal est de nous occuper de l'ouvrier qui conserve des sentiments élevés au milieu des épreuves de la vie et qui n'entend recourir à la charité qu'à la dernière extrémité.

Il a élevé sa famille. Il marie ses enfants, il en voit partir sous les drapeaux. Il a rempli ses devoirs. Il n'a pas pu réaliser d'économies, et cependant la vie s'écoule, les forces s'épuisent, le gain diminue.

Les enfants mariés vont à leur tour commencer la vie d'épreuves que nous venons de résumer.

Le père a cinquante-cinq ans, la mère en a cinquante. Pendant quelques années ils travaillent encore; mais comme ils se sentent fatigués ! Pour le mari, le marteau devient lourd ; pour la femme, les aiguilles sont bien difficiles à enfiler. Le prix des journées diminue, le travail fait souvent défaut, parce que de plus forts ou de plus habiles se présentent.

Néanmoins, on poursuit sa tâche, mais les forces viennent à manquer complétement, la vieillesse arrive. Il n'est plus possible de continuer.

Le pauvre vieillard ne possède rien; il a tout épuisé pour sa famille, il a travaillé tant que ses forces le lui ont permis; il sent qu'il n'a pas de reproches à se faire, et cependant la misère l'accable, le pain va lui manquer. Heureusement, se dit-il, j'ai de bons enfants, ils connaissent les sacrifices que j'ai supportés pour eux, ils ne me refuseront pas l'assistance dont j'ai besoin.

Ici commence la dernière épreuve, la plus triste de toutes.

2º Situation, au point de vue de la famille, de l'ouvrier sans ressources pendant la vieillesse.

(*Famille unie. — Le respect de la vieillesse est la base de la famille.*) — Nous nous sommes tous plu à rêver la scène suivante pour le bonheur des familles :

Dans un petit logement, très-modestement meublé, mais tenu avec le plus grand soin, un ou deux enfants joufflus, rosés, bien portants, ayant des vêtements sur lesquels on peut voir la trace de nombreuses réparations, et dont la propreté indique les soins de la mère de famille.

Ils jouent de bon cœur et sont tout aux plaisirs de leur âge. Puis, une femme de trente-cinq à quarante ans, s'occupant avec entrain du ménage, et veillant à ce que tout soit en ordre, lorsque les absents rentreront au logis. Enfin, deux vieillards revenant de faire une promenade et s'égayant aux ébats des enfants.

Le soir est venu ; le père, ainsi qu'un garçon et une fille en apprentissage, rentrent à la maison. Tout s'anime ; on donne le baiser de retour aux vieux parents et à la mère, puis on se met à table. Le repas est simple. Comme travail et contentement donnent de l'appétit, on mange avec plaisir ; tout paraît excellent.

On se raconte les nouvelles du jour, les enfants babillent ; nous pouvons dire qu'on est heureux, car, dans les familles ouvrières, l'heure du souper est en même temps celle de la réunion.

Enfin, la journée finit ; les jeunes gens et les enfants vont se coucher en riant ; le père et la mère causent un peu de leurs affaires ; les grands parents parlent du passé, trouvant peut-être que dans leur temps tout allait mieux : le progrès n'a pas encore trouvé le moyen de rendre la jeunesse. Somme toute, on est content de la journée ; le bonsoir se dit, et le sommeil vient réparer les forces de chacun.

Nous connaissons des familles où il en est ainsi ; mais, nous devons le dire, beaucoup malheureusement ne jouissent pas d'une vie aussi calme.

(*La gêne, le manque d'avenir sont des causes habituelles de désunion dans la famille.*) — Lorsque les difficultés de l'existence sont trop grandes, la lutte répétée chaque jour fatigue, énerve, et il arrive que l'homme doué des meilleurs sentiments devient impatient, injuste, colère. Il y a, chez lui, malaise physique à l'état latent; il y a surtout maladie de l'âme.

Pour les autres membres de la famille, même fatigue, même irritation.

Les petites discussions qui devraient s'apaiser avec un mot d'amitié, un regard, s'enveniment au contraire et l'on s'outrage en présence des enfants. On oublie qu'il faut donner l'exemple aux jeunes, si l'on veut qu'eux aussi vous honorent, vous respectent et vous aiment.

L'heure du repas, au lieu d'être celle de la joie, du calme, de la causerie intime, est celle de la colère. Après le dîner, le père ne joue plus avec ses enfants; il déserte la maison, va au cabaret, si même il est rentré souper. La femme et les vieillards restent ensemble, et disent tout haut de méchantes paroles contre l'absent; la maison est un véritable enfer.

Le point de départ du mal est presque toujours, ou du moins bien souvent, une gêne trop grande, un avenir incertain.

(*La cause de la misère est souvent imputée à la présence des vieux parents à soutenir. — Situation pénible des vieillards. — Dangers pour la famille.*)—La conséquence inévitable d'une semblable situation, c'est que dans la famille on en vient à chercher la cause du désordre. Le mari et la femme se disent qu'ils travaillent et qu'ils n'arrivent pas à suffire aux besoins. Ils savent qu'ils ont des enfants à élever et ils ne peuvent leur faire un reproche de leur naissance.

Voyez alors l'affreuse pensée qui peut venir insensiblement, pensée honteuse et hors nature : Si nous n'avions pas avec nous notre père et notre mère, tout cela n'arriverait pas.

Songez maintenant à ces vieilles gens, qui ont mené une vie de labeur et de privations, et qui se disent : Si nous n'étions pas là, nos enfants seraient heureux. Que d'amertume dans cette pensée! que de pleurs à verser!

Dans une semblable situation, le respect des fils pour le père

2

s'amoindrit ; souvent même, il disparaît. Quelles conséquences funestes n'en résulte-t-il pas !

L'enfant ne croit plus aux saintes vertus du foyer ; il a quinze ans, il est sceptique, n'a plus d'illusions et nie le bien ; toute sa nature perd les belles qualités de l'enfance. Les garçons désertent la maison paternelle ; les filles aspirent au moment de la quitter ; le travail ennuie ; partout le découragement et la démoralisation.

Le tableau, vous le savez, ne va pas au delà de la vérité, et nous voudrions qu'il ne représentât que de rares exceptions.

(Conséquences heureuses pour la famille, si les vieux parents avaient leur existence assurée. — Ce qu'il faut pour cela.) — Ce serait donc sauvegarder le principe salutaire de la famille, que de faire des efforts pour assurer la subsistance des vieillards.

Arrivé à un grand âge, on dépense peu, et il n'y a plus que de modiques achats à faire pour la toilette.

Que faut-il donc ? Trouver la somme nécessaire pour les premiers besoins, soit 600 à 800 francs par an, peut-être même 365 francs par tête, pour la nourriture.

Si le problème était résolu, les parents reprendraient leur position dans la famille. Le jour où ils apporteraient leur petite rente viagère, ils sentiraient renaître en eux leur fierté naturelle ; ils ne s'adresseraient plus intérieurement le reproche d'être une charge, et ils n'auraient plus la douleur de s'attribuer la misère de tous et de soupçonner cette pensée chez leurs enfants.

Dans les débats d'intérêts du ménage, leur personnalité ne serait pas en cause, et ils ne se trouveraient plus être l'objet de cette âcreté de paroles qui résulte de griefs inavoués.

Nous le répétons, le bonheur des familles exige que l'indépendance des vieillards soit assurée, et c'est un devoir que d'en trouver le moyen.

3° Situation de l'ouvrier au point de vue de la société.

(Conséquences pour la société de l'incertitude de l'avenir des classes pauvres.) — Cette partie de notre travail pourrait aisément recevoir un grand développement.

Mais nous dirons simplement que la solution du problème dont nous nous occupons est, pour le moins, aussi importante pour la société que pour la famille.

Nous n'entrerons, à ce sujet, dans aucun détail, laisssant à chacun le soin d'apprécier les conséquences, au point de vue de la société, du manque d'avenir pour la classe ouvrière, et d'estimer le bien général qui pourrait résulter de la certitude d'acquérir, par l'ordre et le travail, les ressources indispensables à la vieillesse.

DEUXIÈME PARTIE.

MESURES A PRENDRE POUR GARANTIR DE LA MISÈRE LA VIEILLESSE DES OUVRIERS.

Nous venons de constater les chagrins et les dangers qui résultent pour les individus, pour les familles et pour la société, du manque de ressources pendant la vieillesse.

La tâche était pénible, mais il fallait la remplir complétement pour faire toucher du doigt le mal qui existe, en montrer la source et la rendre irrécusable.

Nous allons indiquer maintenant le moyen d'y porter remède, de l'atténuer, de le guérir même entièrement, ou du moins d'une manière aussi complète que possible.

Ce moyen est pratique et certain ; nous insistons particulièrement sur ce point, qu'il ne s'agit en rien d'une vaine théorie ; mais pour l'appliquer dans toute sa force, nous demandons une ferme volonté qui ne se démente jamais, c'est-à-dire le concours de chacun.

1° Institutions actuelles de charité, de prévoyance et d'épargne.

(La charité ne saurait être adoptée comme principe général). — Jusqu'à présent, on a recouru principalement à la charité pour aider les classes laborieuses.

Suivant nous, on ne saurait l'adopter comme système ; elle ne peut être qu'un expédient, une mesure exceptionnelle, applicable seulement à des circonstances imprévues, à un état transitoire.

Admise comme principe, elle serait insuffisante, malgré la bonne volonté de ceux qui sont prêts à donner ; elle froisserait les sentiments d'égalité et abaisserait la dignité humaine. Si elle parvenait à s'étendre beaucoup, elle conduirait à la paresse et aux vices qui en résultent.

D'ailleurs, elle est irrégulière par sa source même, et pour surmonter le mal que nous avons en vue, mal qui se présente à une époque inévitable, celle de la vieillesse, il faut un secours certain, attaché de longue date à chaque individualité, et s'affirmant, par avance, sans aucun doute possible.

Mais dans les cas de force majeure, lorsque la bienfaisance reste le bien suprême de celui qui a lutté inutilement, ou qui est arrêté dans l'œuvre de la constitution de son avenir, nous l'acceptons avec bonheur, et nous espérons qu'étant alors moins divisée, elle ne fera plus défaut à ceux qui auront besoin d'y recourir.

(Résultats obtenus par les sociétés de secours mutuels.) — Pendant très-longtemps, on a cru qu'en dehors de la charité il était impossible de trouver aucun remède aux souffrances qui résultent du manque de ressources. On ne connaissait pas encore les effets que peut produire le groupement des forces individuelles au point de vue de l'épargne ; mais depuis qu'on a vu les sociétés de secours mutuels à l'œuvre, et qu'on s'est rendu compte de la puissance qu'elles donnent aux plus petites économies, le premier pas a été fait, et il ne s'agit plus que d'aller en avant pour résoudre complétement le problème.

Notons donc les résultats obtenus par les sociétés de secours mutuels, vouées plus particulièrement, avec un succès complet, à la réparation des désastres résultant de la maladie.

Le rapport établi par la commission supérieure d'encouragement et de surveillance sur la situation des sociétés de secours mutuels pendant l'année 1867, présente les résultats suivants :

5,829 sociétés existant en France au 31 décembre 1867 comptaient, outre 112,205 membres honoraires, 750,590 membres participants, hommes et femmes, auxquels elles donnaient des avantages divers, parmi lesquels figu.ent, en première ligne, le secours des médecins et les médicaments en cas de maladie, plus une indemnité journalière, variable suivant les sociétés, permettant de suppléer au manque de gain, pendant la durée de la maladie et de la convalescence.

A cela viennent s'ajouter, pour 2443 sociétés, des rentes viagères servies pendant la vieillesse.

Au 31 décembre 1867, ces pensions, constituées par un capital de 1,987,470 francs, soit près de deux millions, versé au fonds de retraites, s'élevaient à la somme totale de 89,653 francs pour 1,500 titulaires, soit une moyenne de 59 fr. 76 par tête.

En 1869, le capital ainsi employé était de 3,266,725 francs, donnant un revenu de 147,377 francs réparti entre 2,302 pensionnaires, soit 64 fr. 02 en moyenne.

En 1871, la liquidation des pensions s'est faite sur le chiffre de 75 francs, ramené en 1872 à 67 fr. 89, en 1873 à 64 fr. 85, mais rehaussé dans les années suivantes et donnant 67 fr. 86 en 1876.

Le capital absorbé par les pensions de retraites liquidées était, en 1873, de 6,699,086 francs pour 4,720 pensionnaires, et produisait 309,601 fr. de rentes, soit une moyenne de 65 fr. 59 par tête.

En 1876, ce capital a atteint 10,438,479 fr., assurant un revenu de 504,091 fr. pour 7,442 pensionnaires et donnant ainsi une moyenne de 67 fr. 73, qui s'élève définitivement à 68 fr. 08, en ajoutant 154 pensions supplémentaires, d'une valeur totale de 2,608 fr., accordées par diverses sociétés sur leurs fonds disponibles.

En outre du capital absorbé par les retraites liquidées et inscrites, il existe une réserve ayant pour objet la constitution de nouvelles pensions dans l'avenir; ce fonds libre, qui était de plus de 11 millions en 1867, s'est élevé successivement, en 1869, 1871 et 1873, à 13, 14 et 15 millions, pour atteindre 17,338,772 fr. au 31 décembre 1876.

Lorsqu'on pense qu'antérieurement au décret de 1852, les sociétés de secours mutuels, à part quelques exceptions, n'existaient guère en France, on doit reconnaître que les bienfaits de l'institution ont été très-vite appréciés des classes ouvrières, et que de grands efforts ont été faits pour en assurer le bénéfice au plus grand nombre.

Aussi, est-ce avec juste raison que le rapport de l'année 1873 sur les sociétés de secours mutuels constate que « l'amélioration « si digne d'éloges, que l'on remarque, dénote parmi les popula- « tions ouvrières qu'une sage prévoyance a engagées à solliciter « leur admission dans les sociétés de secours mutuels approuvées, « une tendance persistante et réfléchie vers les idées d'économie « et d'épargne qui ne saurait être trop encouragée par le Gouver- « nement. »

En 1876, il existait 5,923 sociétés comptant 125,319 membres honoraires et 776,588 membres participants, soit 94 sociétés et 25,998 membres participants de plus qu'en 1867, malgré la sépa- ration de l'Alsace et de la Lorraine, qui a fait perdre 394 sociétés et plus de 56,000 membres.

Cette grande augmentation est, toutefois, bien moins considérable que celle des pensions, qui ont quintuplé, mais dont l'accroissement provient surtout de la progression de l'âge des sociétaires et de la durée de leur affiliation.

D'un autre côté, le chiffre de 59 fr. 76 pour chaque pensionnaire (au nombre de 1,500 seulement) en 1867, était bien faible. Ce ne pouvait donc être qu'un point de départ dans la constitution des ressources destinées à assurer l'existence des vieillards.

La Commission l'a bien reconnu en présentant l'observation sui- vante dans son rapport de l'année 1867 :

« A mesure que les sociétés acquièrent plus d'années d'exis- « tence, un plus grand nombre de leurs membres réunissent les « conditions d'âge et d'association exigées pour la pension de re- « traite. En même temps, le chiffre des versements au fonds de « retraite augmente; il est donc permis de penser que le chiffre « des pensions disponibles ne cessera pas de s'accroître. Cepen- « dant, le nombre des pensions ne pourra jamais suivre la pro- « gression de celui des sociétaires réunissant les conditions voulues « pour les obtenir, et l'épargne collective ne saurait dispenser de « la prévoyance et de l'économie individuelles. »

Ces considérations s'appliquent encore aujourd'hui, malgré les progrès qui ont été réalisés depuis 1867, car le chiffre de 68 fr. 08 représentant la pension moyenne au 31 décembre 1876, ne diffère pas considérablement de celui de 59 fr. 76, qu'on avait en 1867.

De plus, bien que les 20,000 pensions concédées ou en formation par les sociétés de secours mutuels (7,442 déjà accordées et 10 ou 12,000 pensions moyennes à venir correspondant aux capitaux réservés à cet effet) soient un très-beau résultat pour ces sociétés, plus spécialement préoccupées des besoins provenant de la maladie, ce nombre est encore bien restreint en présence de la multitude de personnes dont la vieillesse n'est pas garantie.

Il est donc indispensable qu'une épargne spéciale soit faite par les intéressés en vue de l'avenir.

Une société, celle des bijoutiers, reconnaissant cette nécessité, a déjà créé dans ce sens une société annexe chargée spécialement de recevoir les cotisations, queccerta ins de ses membres veulent bien verser pour se faire de nouvelles pensions.

Il est à noter encore que le nombre des sociétés opérant des placements à la Caisse des retraites a peu augmenté (2,443 sociétés en 1867 et 2,652 en 1876), tandis que les capitaux se sont accrus considérablement. Ce fait témoigne de la persévérance des personnes et des sociétés ayant sérieusement étudié et apprécié les avantages que présentent les retraites.

Mais, surtout, ne perdons pas de vue que, par les sociétés de secours mutuels, plus de 700,000 personnes des classes ouvrières sont à l'abri de la misère provenant de la maladie.

(*On peut mettre la vieillesse à l'abri de la misère.*) — Eh bien, le moment n'est-il pas venu de faire comprendre à chacun, que ce qui a été obtenu pour se garantir des effets de la maladie, on peut également l'obtenir pour éviter les tristes accidents de la vieillesse sans ressources?

Que faut-il pour cela ? L'aide, la bonne volonté de tous, des ouvriers eux-mêmes, puis des personnes qui les emploient, et enfin de l'État. Nous développerons dans peu d'instants notre pensée à cet égard.

(*Sociétés de prévoyance en vigueur; leur but, leurs résultats.*) — Mais avant n'oublions pas de rappeler d'autres institutions de prévoyance qui produisent des résultats importants.

Les caisses d'épargne, dont l'usage se généralise de plus en plus, et cela fort heureusement, n'ont pas en vue la question qui nous occupe, mais simplement un but limité, celui de l'économie temporaire, peu étendue et toujours disponible.

Une innovation heureuse assez récente et qui, en se développant chaque jour, a donné d'excellents résultats, consiste dans l'épargne scolaire, c'est-à-dire une épargne très-minime, mais régulière, opérée par les enfants des écoles.

Les bons effets obtenus dans ces conditions, effets dus principalement aux efforts persévérants de M. de Malarce qui s'est dévoué à cette œuvre, démontrent que la persistance dans l'épargne est chose réalisable, lorsqu'on établit une salutaire émulation, et qu'il existe une règle que chacun doit avoir intérêt à suivre.

Nous nous appuierons sur ce fait pour demander aux ouvriers de continuer, pendant leur vie, l'épargne qu'ils auront commencée sur les bancs de l'école.

Les Compagnies d'assurances sur la vie, la Caisse des invalides civils et toutes autres sociétés d'assurances se prêtent à une multitude de combinaisons pouvant répondre à bien des situations; mais, en définitive, ce sont des sociétés financières particulières, et si grandes que soient les garanties qu'elles offrent et qui sont absolues, selon nous, elles ne présentent pas aux yeux de bien des gens, à tort ou à raison, la base solide de l'État.

Il nous reste à parler de la Caisse des retraites.

Cette belle institution, dont les tarifs sont bien équilibrés, a adopté le principe du compte individuel pour chaque sociétaire, le laissant libre de verser ce qui lui plaît et quand il veut, mais le soumettant, s'il est marié, à la dualité complétement égale pour les versements, dont les résultats varient en raison de la différence d'âge entre le mari et la femme.

Il s'ensuit que si les versements ne sont effectués que dans une faible mesure, le compte de retraite du plus âgé, généralement le mari, ne s'accroît qu'avec une grande lenteur.

Si, au contraire, on veut relever ce compte, il faut étendre les versements qui s'y rapportent, effort d'autant moins réalisable qu'il doit immédiatement être doublé en vue de l'autre compte.

Les intéressés répugnent souvent à ce sacrifice, qui augmente encore la disproportion des résultats.

En effet, dans une question de modestes retraites pour la vieillesse, les intéressés s'attachent tout spécialement au montant des rentes à obtenir et, en dehors de cas spéciaux, ils admettent difficilement que l'égalité des résultats ne soit pas la règle habituelle.

Cette restriction a forcément limité l'application de la Caisse des retraites, qui n'en est pas moins la plus admirable institution de ce genre et la plus sûre, puisqu'elle dépend de l'Etat.

Mais il est nécessaire de prendre une base encore plus large, si l'on veut obtenir un résultat absolument complet.

En résumé, toutes ces institutions ont leur valeur propre; chacune répond à un besoin différent; elles se complètent l'une l'autre, et contribuent au progrès du bien-être général.

2° Moyens de mettre la vieillesse à l'abri de la misère.

(*Ce qu'il faut faire. — Formation et conservation du capital nécessaire.*) — Ainsi que nous l'avons établi au début de notre travail, il est impossible de demander à l'ouvrier de conserver lui-même des économies suffisantes en vue de sa vieillesse.

Il peut en faire, à la rigueur, pendant les jours de travail; mais il faut lui donner la force de les maintenir intactes; leur modicité même, l'incertitude d'obtenir un résultat suffisant détournent de l'épargne et mettent les ressources déjà amassées à la merci de la première circonstance difficile qui se présente. C'est un fait presque inévitable, si l'homme reste abandonné à lui-même.

Nous devons donc trouver le moyen de constituer et de conserver le capital nécessaire pour assurer l'avenir des ouvriers au jour de la vieillesse.

A cet effet, nous nous appuierons sur les principes de travail, d'ordre, de famille, d'épargne, de solidarité, exigeant l'honorabilité et les efforts de l'intéressé, pour lui donner l'aide et l'appui qui lui sont nécessaires.

Mais, pour qu'un tel résultat soit possible, nous le répétons, il est indispensable qu'il soit préparé de longue main, afin de n'avoir besoin que d'économies tellement minimes qu'elles paraissent insensibles.

Il est nécessaire que le travailleur s'habitue à regarder l'épargne comme tout aussi obligatoire que la dépense du pain de chaque jour, puisqu'en réalité elle représentera le pain des dernières années, et qu'il sache que si elle lui impose une faible surcharge pendant sa jeunesse et sa maturité, elle dégrèvera les années où le travail devient pénible et allégera le fardeau de ses enfants.

En définitive, il n'y aura qu'une meilleure et plus sage répartition des ressources de la famille, sans augmentation réelle de la dépense.

Recherchons maintenant quel sera le chiffre de l'épargne pour chaque jour, pour chaque mois, et quel sera le capital réalisé, ainsi que la rente obtenue.

(L'épargne commence à dix-huit ans, la jouissance de la rente viagère à soixante ans. — Cas d'infirmités antérieures.) — On peut admettre que le jeune homme est mis en apprentissage à l'âge de treize ans, suivant la règle habituelle, et qu'il y reste trois à quatre ans ; mais, pour nous maintenir dans l'esprit de nos premières hypothèses, c'est-à-dire les plus défavorables à notre projet, nous supposerons que l'ouvrier ne commence à gagner réellement qu'à dix-huit ans.

Ce n'est donc qu'à partir de cet âge qu'il devra penser à son avenir. En appliquant, dès ce moment, les principes de la prévoyance, le sacrifice sera presque nul, surtout avec les ménagements que nous proposerons, et le résultat sera considérable, eu égard à la faiblesse de l'effort accompli.

Examinons l'âge de la retraite.

Il faut évidemment n'adopter que celui où elle est d'une réelle nécessité, c'est-à-dire où le travail n'est plus possible, pour le plus grand nombre, dans les conditions normales de l'existence.

L'époque qui se trouve fixée tout naturellement est celle de soixante ans en moyenne ; c'est le moment où les forces tombent ordinairement pour l'homme.

Nous adopterons donc pour base l'âge de soixante ans, en laissant la faculté de ne jouir de la rente viagère qu'une ou plusieurs années plus tard, si les forces le permettent, afin d'en augmenter le montant.

Cette limite de soixante ans paraît la plus convenable, sous la réserve de ménagements pour les cas d'infirmités réelles survenues avant cette époque. La charité trouvera place pour ces afflictions, elle pourra parfaire la retraite anticipée, et son action sera d'autant plus efficace qu'elle sera moins divisée qu'aujourd'hui.

(L'effort doit être personnel et très-faible pour être accepté; mais persistant pour produire des résultats importants.) — Nous avons donc une longue période pour constituer le patrimoine de la vieillesse.

Le temps prolongé, nous le rappelons encore, est le levier le plus puissant que l'on puisse employer pour obtenir la solution cherchée; de plus, c'est le seul moyen d'arriver au but d'une manière insensible et par conséquent pratique.

Toute charge sérieuse serait inévitablement repoussée, par suite de la modicité des ressources que nous connaissons à l'ouvrier. Il faut compter le sacrifice nécessaire, non par francs, mais par centimes seulement, et ne réclamer cet effort qu'individuellement, c'est-à-dire pendant la seule période du travail, en n'exigeant rien du père de famille pour l'enfant et l'adolescent.

Eh bien, les quarante-deux à quarante-sept années que nous avons sont suffisantes pour demander extrêmement peu et donner beaucoup en échange.

On en jugera par ce qui suit :

Est-ce trop exiger que de réclamer une épargne de dix centimes par jour pour l'ouvrier des grandes villes, de cinq ou six centimes pour celui des campagnes et des petites villes, surtout en ne laissant à sa charge que la moitié de cette somme, comme nous le proposerons plus loin?

Nous ne contesterons pas qu'elle ne présente déjà une certaine importance pour le modeste budget de l'ouvrier, et qu'elle ne doive entrer en ligne de compte dans ses dépenses. Mais, en vérité, la différence est-elle bien sensible entre une journée de 5 francs et une de 4 fr. 95, voire même de 4 fr. 90?

Les conditions d'existence en seront-elles modifiées d'une manière notable?

Assurément non.

Nous espérons donc que personne ne nous refusera cette faible réserve et qu'on reconnaîtra qu'elle n'a rien d'excessif.

(Effet produit par une simple épargne de 10 centimes par jour.) —

Peut-être la modicité de ce chiffre fera-t-elle croire qu'avec lui on ne peut rien fonder de sérieux. Qu'on se détrompe, cela suffit pour garantir à l'ouvrier une existence convenable pendant sa vieillesse :

Cette épargne de 10 centimes par jour est parfaitement suffisante pour assurer, à partir de l'âge de soixante ans, une rente viagère annuelle de 817 francs, et, à soixante-cinq ans, une rente de 1,480 francs par an, soit près de 1,500 francs.

Ces chiffres sont scrupuleusement exacts ; ce sont ceux des tarifs de la Caisse des retraites, administration de l'Etat, et ils sont mis en application journalière.

N'est-il pas merveilleux, en vérité, qu'un si faible effort produise un pareil résultat !

Voilà donc l'économie à laquelle nous supplions l'ouvrier, la société, de consentir, pour obtenir, à un moment donné, sinon le bien-être, du moins les ressources nécessaires aux besoins journaliers et conserver intact ce bien suprême de l'indépendance et de la dignité dans la famille.

Nous croyons fermement que le résultat est hors de toute proportion, par son importance matérielle et morale, avec les efforts qu'il nécessite.

Dès lors, pourquoi ne pas s'assurer d'un grand bien à l'aide d'une petite peine, que l'habitude rendrait légère, sans doute même insensible?

Nous reconnaissons, toutefois, qu'il est difficile à l'homme de ne pas s'arrêter en chemin, lorsqu'il doit poursuivre le but pendant toute la vie; nous savons qu'il faut un courage réel, pour ne pas toucher à l'épargne dans les circonstances douloureuses.

C'est pour cela que nous demanderons que l'épargne obtenue
soit sacrée, qu'elle soit placée à l'abri de tout accident et de toute
tentation, afin de la retrouver sûrement au jour du malheur irré-
médiable, c'est-à-dire de la misère pendant la vieillesse.

(Echelle des rentes suivant l'âge d'entrée en jouissance.) —
Si l'on voulait retarder d'une ou plusieurs années l'entrée en jouissance de la rente, elle serait plus élevée.

Ainsi, à 60 ans, la rente viagère serait de	817 fr.	65 ;	
à 61 ans, —	de	914	65 ;
à 62 ans, —	de	1,025	15 ;
à 63 ans, —	de	1,154	» ;
à 64 ans, —	de	1,305	40 ;
à 65 ans, —	de	1,479	90.

Nota. — Ces rentes ne sont comptées qu'avec la capitalisation en fin de
chaque année et ne commençant ainsi qu'à l'âge de dix-neuf ans seulement.
Si l'on capitalisait par trimestre, on atteindrait près de 850 francs de rentes
à soixante ans et un peu plus de 1,550 francs à soixante-cinq ans.

Ces chiffres sont incontestables, nous le répétons ; ils ne viennent pas de nous ; ce sont ceux d'une institution de l'Etat, en plein
exercice, qui a fait ses preuves, par l'application de ses tarifs à de
nombreux cas individuels, et dont la sécurité est absolue.

(La cotisation projetée peut être modifiée; la rente sera pro-
portionnelle au sacrifice.) — Nous avons pris pour base le type
ci-dessus de la cotisation journalière de 10 centimes à partir de
dix-huit ans, avec retraite à soixante ans, parce qu'il nous a paru
répondre au temps normal du travail de l'homme, ne pas imposer
de sacrifices exorbitants et produire des résultats très-convenables,
puisqu'on obtient des ressources presque équivalentes à celles du
travail.

Pour plus de simplicité, notre raisonnement sera toujours établi
sur ces données.

Nous voulons, avant tout, poser le principe, sans nous astreindre
à tel ou tel développement que peut recevoir son exécution. Mais
nous n'en acceptons pas moins toute autre étendue qu'on croirait

devoir donner, dans la pratique, à ces dispositions, notamment la réduction dans le but de diminuer les charges.

C'est ainsi que nous serions disposés à admettre la cotisation de 5 centimes par jour, pour les femmes et pour les ouvriers des campagnes et des petites villes, où le gain journalier en argent est moindre.

La rente à soixante ans serait alors de 408 fr. 50, et de près de 750 francs à soixante-cinq ans. Avec 6 centimes par jour, soit 40 centimes par semaine (somme d'un décompte facile et qui pourrait être réduit de moitié pour les femmes, soit à 20 centimes seulement par semaine), on obtiendrait 490 francs, soit près de 500 francs à soixante ans, et 888 francs à soixante-cinq ans.

Ces proportions seraient excellentes, et il est certain que, même dans les grandes villes, ces derniers chiffres pourraient encore être adoptés.

Voyez alors la faiblesse de l'effort réduit au total à 1 sou par jour, soit 2 à 3 centimes seulement pour l'ouvrier, comme nous le disons d'autre part. Peut-on dire, en vérité, qu'il serait impossible de l'accomplir ?

(*Réserve du capital versé.*) — Nous savons que, malgré cela, les objections ne manqueront pas ; mais nous les examinerons plus loin.

Nous ne devons pas laisser ignorer que les chiffres de rentes que nous donnons plus haut sont produits en aliénant le capital, c'est-à-dire que les versements opérés ne profitent pas aux enfants, aux héritiers de ceux qui les ont faits, mais qu'ils sont absorbés par le service de la rente elle-même, en un mot par les personnes mêmes qui ont versé.

D'ailleurs, on peut fort bien réserver le capital versé, si tel était le désir ; la rente servie deviendrait naturellement plus faible pour les mêmes versements.

Nous ne croyons mieux faire que de mettre le tableau suivant sous les yeux de nos lecteurs, pour montrer clairement les résultats qu'il est possible d'obtenir dans les différents cas.

TABLEAU DES RENTES VIAGÈRES PRODUITES PAR L'ÉPARGNE COMMENCÉE A 18 ANS.

(La capitalisation n'est comptée qu'à la fin de chaque année, c'est-à-dire à partir de l'âge de 19 ans seulement.)

	RENTES VIAGÈRES AVEC CAPITAL ALIÉNÉ.	RENTES VIAGÈRES AVEC CAPITAL RÉSERVÉ.
En versant 5 centimes par jour (18 fr. 25 c. par an), on aurait une rente de..............	408f 80 à 60 ans ou 740f » à 65 ans.	296f 65 de rentes, soit 300f ou 532f 75 de rentes.
En versant 6 centimes par jour (21 fr. 90 c. par an), on aurait une rente de..............	490f 55, soit 500f à 60 ans ou 888f » à 65 ans.	356f » de rentes. ou 639f 30 de rentes.
En versant 10 centimes par jour (36 fr. 50 c. par an), on aurait une rente de..............	817f 65 à 60 ans ou 1,480f » à 65 ans.	593f 30 de rentes, soit 600f ou 1,065f 50 de rentes.

Dans un ménage, si l'on voulait faire toucher la rente par le mari à 65 ans et par la femme à 60 ans, conditions s'expliquant par la différence habituelle des âges, on aurait :

En versant 5 centimes par jour pour le mari............... 740f »
En versant 5 centimes par jour pour la femme............. 408f 80
} 1,148f 80 de rentes { 532 75 / 296f 65 } 839f » de rentes.

En versant 6 centimes par jour pour le mari............... 888f »
En versant 6 centimes par jour pour la femme............. 490f 55
} 1,378f 55 de rentes { 639f 30 / 356f » } 993f 30, soit 1,000f de rentes.

En versant 10 centimes par jour pour le mari............... 1,480f »
En versant 5 centimes par jour pour la femme............. 408f 80
} 1,888f 80 de rentes { 1,065f 50 / 296f 65 } 1,362f 55 de rentes.

Si l'on voulait réserver la moitié du capital et aliéner l'autre moitié, on obtiendrait des rentes tenant exactement le milieu entre celles qui sont indiquées ci-dessus, pour chacun des cas prévus.

(Toutes ces rentes résultent de l'application des tarifs de la Caisse des retraites approuvés en 1872 et actuellement en vigueur.)

(Le temps et la persévérance sont de toute nécessité.) — Nous croyons inutile de commenter les chiffres qui précèdent, et de faire ressortir l'importance des heureuses conséquences, morales aussi bien que matérielles, qu'un semblable état de choses produirait pour les individus, les familles et la société.

Pour obtenir ce résultat d'une manière certaine, infaillible, il suffit de le vouloir.

C'est très-simple, et pourtant c'est dans la volonté qu'elle exige, que se trouve la véritable difficulté.

Ainsi, il faut une persévérance inébranlable pendant la période du travail ; la cotisation est nécessaire ; mais le temps prolongé ne l'est pas moins, et ce n'est qu'avec son aide qu'on peut parvenir à un grand résultat.

(Effets d'une longue capitalisation.) — Pour faire toucher du doigt la puissance la capitalisation établie sur une longue durée, nous citerons ce fait, qu'en versant une somme de 500 francs (cinq cents francs) une fois donnée, sur la tête d'un enfant âgé de trois ans, *et sans plus jamais rien ajouter* pendant toute sa vie, les tarifs de la Caisse des retraites, c'est-à-dire de l'Etat, fixent à 748 fr. 10 c. la rente viagère annuelle à recevoir à partir de l'âge de cinquante ans, et à 1,167 fr. 25 c. pour cinquante-cinq ans ; le montant ressortirait à 1,918 fr. 40 c. pour soixante ans, et à 3,402 fr. 70 c. en prenant soixante-cinq ans.

Un simple versement de 100 francs donnerait ainsi une rente viagère de 383 fr. 65 c. à soixante ans, ou de 680 fr. 50 c. pour l'âge de soixante-cinq ans.

On voit les merveilles qu'enfante le temps ; la persévérance est donc la première de toutes les qualités nécessaires pour résoudre le problème qui nous occupe.

(Publicité nécessaire.) — Les effets de l'épargne minime sont à peu près ignorés de tout le monde ; interrogez autour de vous, et vous verrez bien peu de personnes, et des plus éclairées, se doutant de cette force.

Que de difficultés seraient aplanies si ces choses étaient connues, à n'en pas douter, par les intéressés ; en un mot, si elles devenaient une vérité incontestée.

Une large vulgarisation, par une publicité incessante faite dans une forme simple, facile à saisir, et donnant des exemples, serait donc la première de toutes les mesures à appliquer.

3° Discussion, application des mesures proposées. — Réfutation des objections.

(De la cotisation. — Idée d'en partager la charge entre patrons et employés. — Ce principe est déjà largement appliqué.) — Passons maintenant à l'examen de la cotisation.

Nous avons indiqué les sommes de 10, de 6 et de 5 centimes par jour, soit pour les villes, soit pour les campagnes ; on pourrait prendre encore 4 centimes, ou bien de 20, 40, 60 centimes par semaine, unités d'un décompte et d'une inscription faciles.

Quel que soit le chiffre adopté définitivement, il serait désirable que la charge de la cotisation fût partagée, par moitié, entre l'ouvrier et le patron, sans en faire pourtant une condition indispensable.

Nous entendons ici par ouvrier (terme que nous avons employé habituellement, mais qui, dans notre esprit, n'a rien de limitatif, ainsi que nous l'avons déjà dit), toute personne qui travaille journalièrement pour le compte d'une autre, qui est à son service, qui en est rétribuée. Nous comprenons par patron toute personne qui en emploie une ou plusieurs autres, dans les conditions ci-dessus.

Mais, nous entendons dire ceci : Vous n'avez nul souci de la dignité de l'ouvrier, en lui faisant l'aumône de la moitié de la cotisation versée à son profit ; vous imposez une charge onéreuse au patron ; vous établissez un impôt pesant à la fois sur l'ouvrier et sur celui qui l'occupe, et les impôts sont déjà bien lourds.

Nous répondrons :

Ce n'est pas une aumône que l'on fait ; c'est uniquement la rétribution, sous une forme spéciale, du travail accompli, et cette rétribution est consacrée, de longue date, pour des classes au moins égales à celles des ouvriers et dont la dignité est loin d'en être atteinte : nous parlons des fonctionnaires et employés de l'État et des grandes compagnies ; nous parlons surtout des militaires de tous grades, soldats et officiers.

.8

La seule différence consiste dans le moment où cette rétribution spéciale est faite : nous proposons que le patron ou le maître verse au moment du travail sa quote-part à la pension de son salarié, parce que l'un et l'autre peuvent se séparer inopinément. L'État et les grandes compagnies offrant plus de stabilité, ne remplissent leur engagement qu'à des époques plus éloignées, ou même au jour de la retraite seulement.

Mais, qu'on en soit bien convaincu, la participation n'en existe pas moins dans une large proportion; car, bien des sociétés constituent les retraites par des prélèvements sur leurs propres bénéfices, et l'État lui-même contribue à la pension de ses employés, et n'est pas couvert de ses charges par la retenue de 2 0/0 avec accessoires qu'il prélève sur la solde des militaires.

En envisageant comme une récompense la rente provenant des versements communs entre patrons et employés, la dignité reste intacte, et le principe n'en est pas moins salutaire.

La proportion de moitié que nous avons indiquée pour la contribution des deux côtés peut être modifiée, mais elle paraît convenable entre toutes : en effet, elle établit l'équilibre entre les deux parties, répond à l'équité, laisse à l'ouvrier le soin de constituer son avenir dans une large mesure, lui apporte un soutien sérieux, et semble tirer la ressource réservée pour l'avenir du seul produit du travail revenant au patron et à l'artisan.

(*La cotisation n'est pas un impôt.— Il se justifierait d'ailleurs.*) — Reste la question de l'impôt.

Il n'en existe pas, en ce qui concerne l'ouvrier; on ne pourrait qualifier ainsi sa cotisation.

Un impôt est tiré d'une individualité pour profiter à la masse; situation qui ne résulte pas de notre proposition, puisque le déposant verse à son propre compte. Il y a donc épargne, et rien autre chose pour lui.

L'impôt ne subsiste pas non plus pour le patron, par cette raison que son versement serait fait directement en vue de celui qu'il emploie; il n'y a donc que rétribution spéciale de sa part.

Toutefois, comme il semble que le patron n'en retire aucun profit

direct, ni indirect, on comprend qu'il soit porté à taxer ce payement d'impôt, qu'il soit volontaire ou non.

Doit-on le rejeter pour cela? Nous conjurons de n'en rien
faire.

Cette dépense est légère, et l'on peut croire qu'elle n'est pas entièrement perdue, et que l'industriel, le commerçant, la retrouvera,
sinon dans sa vente, du moins dans le travail plus actif, plus alerte,
plus attentif de l'ouvrier lui-même. Il faut si peu de temps et de
bonne volonté pour faire rendre à la journée un centième en plus
(car c'est là toute la charge pour l'hypothèse la plus large, et elle
se réduit de moitié dans les autres cas), et l'on travaille si mal lorsqu'on est découragé!

On remarquera, d'ailleurs, que les établissements, déjà nombreux, où les maîtres s'imposent des sacrifices pour l'ouvrier et le
bien-être de leurs agents, ne sont pas ceux qui prospèrent le
moins.

Nous prions donc en grâce d'accepter la participation dont nous
parlons, même dût-on la considérer comme un impôt, et de créer
ainsi l'union, la communauté d'intérêts, dans le bon sens de la
chose, amenant ainsi la satisfaction réciproque.

Les plus grands intérêts de la société y sont engagés. Est-il rien
de plus sacré que cette épargne pour la vieillesse, et de plus profitable à tous? C'est une prime à la sécurité, à la reconstitution
de la famille; c'est l'aide à une œuvre de justice et de relèvement
moral; ce serait, en définitive, l'impôt du travail et de la paix.

(*Du service militaire. — Participation de l'État.*) — Il est un
côté de la question que nous devons examiner d'une manière toute
spéciale : celui du service militaire.

Ce service, qui est obligatoire, viendrait interrompre la période
des versements, si l'on ne prenait des mesures, et il compromet-
trait ainsi l'avenir de ceux qui sont désignés pour servir le pays et
les frapperait dans leur vieillesse.

Ce serait créer pour eux une infériorité contraire à toute équité.
L'interruption ne saurait donc avoir lieu pour les hommes appelés
sous les drapeaux.

Il s'ensuit que l'État devenant le patron naturel de ces hommes, c'est à lui qu'incomberait la charge appliquée aux chefs d'industrie.

Voyons maintenant la dépense qui en résulterait pour l'État.

En principe, tous les hommes valides doivent remplir les obligations du service militaire, à moins de dispense ou d'exemption légale.

En fait, par suite des diverses natures de service actif et de réserve, du roulement des classes entre elles, des congés anticipés, des appels tardifs, etc., 525,000 hommes seulement composent annuellement l'armée permanente et la marine en temps de paix, nombre sur lequel on ne trouve que 422,000 sergents, caporaux, soldats et marins, c'est-à-dire militaires ne recevant pas de solde réelle

Eux seuls, en défalquant toutefois les soldats et marins qui font leur carrière du métier militaire et arrivent à la pension, produiront une charge pour l'État dans la question qui nous occupe. ·

En estimant qu'une moitié des soldats sont ouvriers d'origine et se trouvent avoir un compte d'épargne à continuer, on fait une évaluation fort large, surtout si l'on considère que le service militaire devenu obligatoire atteint toutes les classes de la société.

En supposant que la cotisation de 5 centimes par jour doive servir de base pour le versement, comme répondant à la position primitive de la majorité des soldats ou marins qui proviennent, en plus grand nombre, des campagnes et des petites villes, la moitié de cette somme serait au compte de l'État, soit 9 fr. 12 c. par homme et par année, donnant une dépense totale de 1,900,000 francs. Elle serait naturellement du double, en prenant pour base la cotisation de 10 centimes. Avec celle de 6 centimes, la dépense serait de 10 fr. 95 c. par homme; soit. au total, 2,300,000 francs.

Si les versements de l'État s'étendaient à tous les militaires indistinctement, la charge serait double, soit de 4 millions, en moyenne.

Cette dernière somme est importante, on ne saurait le contester; plus que tout autre, nous pressentons les difficultés qu'elle soulèvera, et nous craignons qu'on ne la taxe d'impossible à réaliser.

Mais, quel que soit le poids de cette charge, on voit, en la comparant aux budgets de la guerre et de la marine, qui ne s'élèvent pas à moins de 666 millions, qu'elle n'en représente pas la cent cinquantième partie, c'est-à-dire qu'elle ne produit qu'une dépense de 5 à 6 francs pour 1,000 francs, ou 50 à 60 centimes seulement pour 100 francs ; en un mot, qu'il faudrait plus d'un siècle et demi de cette cotisation pour équivaloir à une seule année des dépenses de la guerre et de la marine en temps de paix.

Si l'on jugeait que le prêt journalier des militaires est insuffisant pour leur permettre de verser eux-mêmes leur quote-part dans les cotisations, et que cette quote-part dût continuer à être fournie, ces versements incomberaient à l'État, considéré alors comme subvenant simplement aux besoins des soldats, sans leur fournir une rétribution personnelle leur procurant les ressources disponibles nécessaires. Dans ce cas, la charge de l'État pourrait se doubler.

Mais, d'un autre côté, on doit noter que la contribution de l'État se réduira de la valeur des sommes afférentes aux militaires continuant la carrière des armes jusqu'à leur retraite, sommes dont le montant fera dès lors retour au Trésor.

En définitive, si importante qu'elle soit, on ne saurait prétendre que cette charge excéderait les forces du pays ; il en a supporté de bien plus lourdes.

Nous pensons donc qu'en raison du but auquel il permettrait d'atteindre et de l'intérêt supérieur qui s'y attache, le pays devrait accepter ce sacrifice, qui est nécessaire.

Après avoir admis comme principe un prélèvement sur le travail de l'homme, après avoir demandé aux chefs d'industrie, à toute personne employant quelqu'un, de faire de généreux efforts pour compléter ce prélèvement, il ne paraîtrait pas possible que l'État, n'intervînt pas, de son côté, de la même manière, à l'égard des militaires sous les drapeaux.

Cette action directe de l'État constituerait un puissant encouragement ; les sommes mises en réserve, sans jamais rester à la disposition du militaire, seraient inscrites à son nom, et l'on peut être certain qu'après sa libération du service, il n'hésiterait pas à continuer de lui-même l'œuvre commencée.

L'effet serait décisif, si l'on en juge d'après le développement qu'a donné aux sociétés de secours mutuels la dotation de 500,000 fr. par an affectée à ces institutions depuis l'année 1856.

(*Des répugnances et de l'inertie des intéressés.*) — Une première objection vient se placer ici. On nous dira que l'ouvrier ne voudra peut-être pas s'imposer des sacrifices, des privations pour une époque lointaine, qu'il peut ne pas atteindre, et qu'il préférera transmettre à ses enfants les économies réalisées par lui, s'il parvient à épargner.

Sacrifices, privations, ces mots sont bien grands pour une épargne de 5 centimes par jour, car c'est là tout ce que nous demandons. (En prévoyant 10 centimes de cotisation, nous pensons qu'il serait convenable de dégrever l'ouvrier de la moitié, comme nous l'avons dit plus loin.)

Les mots : ordre, régularité, économie, seraient bien mieux placés ici, et leur emploi, qui supprime toute idée de peine réelle, fait tomber l'objection d'elle-même.

La critique qu'on adresserait au sujet de l'aliénation du capital au profit exclusif de l'intéressé n'est pas plus fondée.

Rien ne s'oppose à la transmission aux enfants ou héritiers des économies réalisées : il suffira, pour qui le voudra, d'adopter le tarif de la rente avec capital réservé. L'épargne étant mise à l'abri de tout accident, la transmission en serait plus assurée qu'aujourd'hui, et les intérêts des héritiers seraient amplement sauvegardés.

L'époque de la pension est lointaine, il est vrai, et certains n'y arriveraient pas, cela est incontestable; mais ce n'est pas un motif suffisant pour ne pas songer à l'avenir. En effet, peut-on admettre que l'ouvrier, lorsqu'il connaîtra les grands et heureux effets d'une faible épargne, préférera garder toute sa vie la perspective d'une vieillesse misérable, à celle d'une existence heureuse pendant ses dernières années?

Si cela était, ce serait un devoir social que d'y porter remède. L'intérêt de la société y est engagé.

(*Des moyens de recette.*) — Si nous voulions essayer de traiter la question sous toutes ses faces, il nous faudrait entrer maintenant dans le détail des moyens à employer pour effectuer la recette des cotisations.

Ce serait surtout un examen comparatif des procédés les plus simples déjà employés par diverses institutions.

Mais nous n'avons en aucune manière la prétention de faire aujourd'hui un travail complet, et nous dépasserions les limites dans lesquelles nous devons nous maintenir.

D'ailleurs, cette étude ne pourrait être faite utilement qu'après avoir arrêté définitivement les dispositions fondamentales du système adopté et déterminé d'une manière précise l'extension qu'elles doivent recevoir.

Toutefois, on peut reconnaître, dès à présent, que, si la réglementation dont il s'agit n'est pas exempte de difficultés, elles se renfermeront nécessairement dans la limite de celles que peut présenter une perception détaillée et très-étendue.

En employant les caisses d'épargne, les sociétés de secours mutuels, les municipalités, les perceptions, ou tel autre procédé qui paraîtrait préférable pour former des groupements et constituer des intermédiaires, on pourrait simplifier et régulariser les opérations de l'institution financière dont nous parlons et qui pourrait, si on lui donnait une autonomie, porter le nom de *Banque* ou *Caisse générale de prévoyance*, toutes les institutions qui existent actuellement continuant à répondre, comme aujourd'hui, aux efforts que l'initiative individuelle ferait au delà de ceux qui seraient considérés comme un minimum.

Ces institutions se développeraient par le désir d'amélioration et le goût d'épargne, qui se répandent toujours chez les personnes qui voient la possibilité d'arriver au but et dont l'avenir se prépare dans une proportion restreinte.

Il ne faut pas oublier, non plus, que l'intérêt qui s'attache pour chaque sociétaire à la régularité des versements, et le contrôle réciproque qui pourra s'établir entre patrons et ouvriers, contribueront dans une grande mesure à aplanir bien des difficultés de détail.

C'est ainsi que le patron pourrait verser chaque mois entre les mains de l'agent ou de la société institués à cet effet, la cotisation personnelle de ses ouvriers et la sienne, payement dont la réalité serait établie aux yeux des intéressés par une inscription sur leurs livrets.

Pour donner un exemple, nous dirons, *à priori*, que le patron pourrait inscrire sur le livret de l'ouvrier, dans une colonne spéciale, à titre d'engagement pris par lui, la somme qu'il doit pour sa part contributive pour la semaine écoulée, laquelle part serait de 0ᶠ,20 ou de 0ᶠ,40 centimes ronds pour une ouvrière ou un ouvrier.

L'intéressé ne manquerait pas de réclamer cette inscription, véritable engagement à son profit exclusif.

Mais cet engagement ne serait définitif qu'après versement semblable fait par l'ouvrier.

Il constituerait alors pour l'ouvrier un privilége au même titre que le dû de ses journées.

Les versements des patrons pourraient s'opérer en bloc, par listes, dont un exemplaire serait affiché dans l'atelier, ou porté à la connaissance de l'ouvrier.

Le compte individuel s'établirait simplement par son livret arrêté tous les ans.

Dans la pratique journalière, ces doubles versements seraient faits ensemble.

La part affectée à l'avenir pourrait encore être payée en même temps que le principal du salaire, au moyen de *bons spéciaux* achetés par avance par le patron et formant une monnaie spéciale n'ayant de valeur effective que par le versement ultérieur au compte de retraites.

En prenant les sociétés de secours mutuels comme intermédiaires, on obtiendrait d'excellents résultats.

Ce ne serait qu'une extension donnée à leurs perceptions, qu'elles feraient, d'une manière distincte, pour le service des retraites et dont elles verseraient le montant en bloc dans la Caisse générale, avec un état nominatif à l'appui, s'il y avait lieu.

Nous ne saurions trop insister sur ce procédé, qui placerait, d'une manière simple et commode, les Caisses opérant les recettes à la portée de tous les intéressés, qui diviserait le travail de la perception et de la comptabilité et le ferait exécuter, en grande partie, sous les yeux et même avec le concours des sociétaires.

Par ce moyen, non-seulement on affranchirait l'Administration d'une comptabilité minutieuse et étendue, mais on établirait un contrôle naturel et une émulation salutaire.

Les sociétés de secours mutuels se diviseraient donc en deux branches entièrement distinctes : l'une, spécialement instituée en vue des secours temporaires à donner en cas de maladie ou pour d'autres motifs, serait la véritable société de secours mutuels, ayant son existence propre, avec des ressources et des charges personnelles et s'administrant elle-même, comme cela se fait aujourd'hui ; — l'autre branche, société annexe, destinée exclusivement au service des retraites pour la vieillesse, ne serait qu'un agent d'exécution chargé d'opérer les recettes d'une manière distincte et de payer les pensions si on le jugeait convenable, mais n'ayant ni charges, ni ressources directes et ne faisant qu'appliquer un tarif général, commun à toutes les Sociétés. — Toutefois, rien n'empêcherait que la première branche ne fît, sur ressources spéciales ou disponibles, d'autres pensions qui, comme aujourd'hui, seraient d'autant plus précieuses pour les intéressés, que certains pourraient n'avoir pas versé spécialement pour les retraites.

En examinant bien la question, on est amené à reconnaître que ce procédé est à la fois naturel, simple et pratique entre tous.

Enfin, on peut penser que les intéressés ayant sous la main les moyens d'accomplir leurs versements avec facilité et sans nouveau dérangement, seraient portés, en se cotisant pour les secours, à verser de même pour la retraite et réciproquement.

Ces deux institutions se prêteraient ainsi un mutuel concours.

Ce qui précède n'est, d'ailleurs, que le simple aperçu de moyens qui pourraient être employés entre plusieurs autres.

Enfin, on peut reconnaître dès aujourd'hui, que le problème de la recette et des payements à effectuer n'est pas insoluble, si l'on songe à la facilité avec laquelle la perception des cotisations s'opère déjà sur des millions de sociétaires dans les caisses d'épargne et les sociétés de secours mutuels, perception qui a paru tout d'abord hérissée de difficultés et même impraticable pour une aussi large proportion.

Oui, la chose est complexe; mais, croire que les obstacles sont insurmontables, c'est un peu s'effrayer à tort.

Il y a soixante ou quatre-vingts ans, on se serait effrayé pareillement à l'idée de tenir journellement trois ou quatre millions de comptes.

Pourtant, cela se fait aujourd'hui comme nous venons de le dire et l'on vient à bout de la tâche assez facilement, sans recourir à des légions d'employés, et surtout sans que le pays en soit très-bouleversé.

La répartition des comptes par petits groupes a facilité ce résultat.

Si compliqué que cela puisse être, il n'y a donc là rien d'impossible. Il faut seulement rendre les opérations très-simples.

(*De la sécurité du placement.*) — La sécurité du placement est chose indispensable, sous peine de tout compromettre. Il faut qu'elle ne puisse être mise en doute par personne.

L'homme qui vit du produit de son travail, et pour qui chaque centime gagné représente une part de peine et de fatigue, est défiant; cela se comprend, il sait que ses ressources ne lui permettent pas de faire des expériences, et, s'il n'a pas toute sécurité, aucun raisonnement ne peut le convaincre, et il garde son argent sans le faire fructifier, ou même il ne s'impose aucun sacrifice, dans la crainte de n'en pas profiter.

C'est pourquoi, malgré la solidité incontestable que possèdent un grand nombre d'importantes sociétés financières et la sécurité qu'elles présentent, nous avons en vue, en première ligne, pour la conservation de l'épargne, les caisses de l'État qui inspirent une confiance innée chez l'homme étranger à tout placement.

(*Objection de l'encouragement à la paresse.*) — Quelques personnes diront peut-être, que constituer des rentes pour la vieillesse, c'est un encouragement à la paresse, et qu'il ne sera plus fait d'efforts individuels.

Les faits que nous avons chaque jour sous les yeux témoignent du contraire.

En effet, n'est-ce pas dans les classes moyennes de la société et chez les individus déjà maîtres d'un léger patrimoine, que l'épargne est exercée le plus régulièrement ?

Il faut, pour entreprendre et poursuivre cette tâche, entrevoir la possibilité d'un résultat, non pas brillant, mais du moins suffisant.

Eh bien, faisons-nous autre chose que donner le strict nécessaire au terme d'une vie consacrée au travail ?

Par ce moyen, nous écartons le découragement qui s'empare de l'homme sans lendemain, et loin de détourner l'ouvrier de l'épargne et du labeur qui peut l'y conduire, nous en développons l'aptitude chez lui, et l'on peut penser, dès lors, qu'il essayera de lui-même de faire plus encore.

(*Comptes individuels.*) — Dans notre pensée, l'individualité de chacun reste complète, et les efforts profitent exclusivement à celui qui les a faits.

Ainsi, chaque titulaire aurait son compte particulier, c'est-à-dire son livret entièrement distinct de tout autre, non-seulement quant aux versements, mais aussi quant aux droits. Il serait utile, en effet, de ne pas établir un fonds indivis, au sujet duquel chaque intéressé pourrait avoir des aspirations mal définies.

D'après une excellente méthode déjà mise en pratique par la Caisse des retraites, le montant de la rente viagère correspondant aux versements annuels serait inscrit chaque année, de telle sorte que le résultat serait constaté dès le début ; on en suivrait la progression pas à pas, et, à tout moment de la vie, on connaîtrait exactement le chiffre de la rente acquise.

C'est ainsi que, dès la fin de la première année d'un versement fait, à raison de 10 centimes par jour, par un jeune homme de dix-huit à dix-neuf ans, on inscrirait la propriété d'une rente de près de 85 francs complétement acquise, pour en jouir à l'âge de soixante ans, ou de 95 francs pour soixante-cinq ans.

Quel encouragement produirait un semblable résultat !

(*Chômages, maladies, infirmités. — Rente proportionnelle, recours à la charité.*) — Si, par suite d'infirmités, de maladie ou de manque de travail, le payement des cotisations se trouvait interrompu, le capital versé antérieurement ne serait en aucune manière perdu. Dans ce cas, les rentes déjà inscrites au profit de l'intéressé lui resteraient acquises.

Chaque versement donne, en effet, un droit absolu que rien ne peut compromettre.

La rente définitive serait seulement proportionnelle aux payements effectués. Pour en reconstituer l'intégralité, il suffirait d'opérer quelques versements complémentaires après le retour à la santé, ou la reprise du travail.

La charité pourrait alors accomplir une œuvre féconde, en opérant tout ou partie des versements de ceux que le malheur viendrait frapper.

(Du danger social qu'on peut attribuer à la généralisation des rentes viagères.) — Peut-être nous accusera-t-on encore de répandre une richesse qui, par sa généralisation, pourrait présenter des inconvénients, des dangers, même, au point de vue social.

Cela serait très-réel, si nous parvenions à créer des positions d'argent qui, par leur multiplicité et leur élévation, amèneraient le renchérissement excessif de toutes choses, et placeraient ainsi le travailleur actif et jeune dans une situation de ressources complètement inférieures.

Mais il n'en saurait être ainsi, puisque nous ne faisons rien autre chose que maintenir, pendant la vieillesse, une position équivalente, à peine, à celle de l'âge viril.

Aucune ressource excessive n'étant produite, il ne saurait en résulter aucune pression sur les conditions générales de la vie.

Enfin, si l'on ne se rend pas un compte exact des conditions dans lesquelles s'opère le mouvement incessant, le roulement du numéraire dans un pays, certaines personnes, admettant la généralisation de nos rentes, pourront peut-être craindre encore quelques difficultés par suite de la capitalisation, qui en est la base, et de l'absorption de numéraire que le payement de ces pensions semble indiquer.

En d'autres termes, on prétendrait que l'importance de nos capitalisations peut amener des complications monétaires.

D'une part, nous ferons remarquer qu'il n'y a pas plus de raison de poser cette question au sujet de l'institution qui nous occupe, si étendue qu'on la suppose, que pour toutes les autres institutions financières existant déjà, et qui l'équivalent, et au delà.

D'autre part, la capitalisation dont il s'agit, est, comme tous les autres capitaux ou propriétés mobilières, purement représentative.

Enfin, le payement des pensions n'a d'autre effet que de substituer des ressources régulières à d'autres ressources qui, pour être incertaines, n'en existent pas moins pour chaque individu, puisqu'il lui faut parvenir à vivre.

Les difficultés dont il s'agit sont donc imaginaires.

(*Des charges et du capital.*) — Quelques personnes pourraient redouter peut-être la charge que les rentes viagères apporteraient à l'État.

Mais, il faut noter qu'il n'y a pas de charge réelle pour l'État, puisque le capital nécessaire pour servir la rente serait formé par avance par chaque intéressé. Si l'on ne perd sur aucun des membres, on ne peut perdre sur l'ensemble. Il suffit d'établir un tarif bien équilibré.

Remarquez que cette épargne générale pourrait se constituer dès aujourd'hui, si tout le monde se présentait à la Caisse des retraites, qui fonctionne bel et bien. Personne ne pourrait être repoussé et le résultat serait le même. Il est donc déjà admis en principe.

D'ailleurs l'État n'est là qu'en apparence; il fait cette loi comme toute autre loi. Il n'est plus, après, qu'un simple caissier, avec caisse spéciale, offrant des garanties de moralité et de régularité, pour rendre seulement la valeur de ce qu'il a reçu, et nous ne nous opposons en rien à ce qu'il y soit substitué tel autre trésorier qu'on voudra: une sorte de Banque de France ou de nouvelle Caisse d'Épargne, par exemple.

Enfin, nous avons vu exprimer une fois des craintes au sujet des tentations diverses qu'une capitalisation considérable pourrait faire naître.

Bien qu'il n'y ait là qu'une simple hypothèse qui ne doit même pas donner matière à débat, nous ferons remarquer que chacun aurait son compte personnel, bien déterminé, formant propriété limitée pour et contre lui, et supprimant les aspirations mal définies. Que de personnes en éveil à tromper, que de résistances à vaincre, pour détourner ce capital!

D'ailleurs, il est bon d'observer que notre projet s'applique essentiellement, pour le présent surtout, aux seuls ouvriers et agents travaillant chez autrui, et que les deux tiers des intéressés appartenant aux campagnes et aux petites villes ne compteraient que pour moitié, circonstances qui, en dehors des défaillances inévitables, viendraient amoindrir considérablement la capitalisation, qu'on ne doit déjà calculer qu'en vue de rentes viagères et non perpétuelles.

Mais, en vérité, si, par quelque projet que ce soit, on atteint le but que nous poursuivons tous, c'est-à-dire la généralisation de l'épargne, les résultats ne seraient-ils pas tout aussi immenses, tout aussi graves, tout aussi dangereux, si leur étendue doit produire un danger ?

Ce serait donc le succès lui-même qu'il faudrait redouter et l'on en arriverait à conclure qu'il faut conserver la plaie vive de la misère qui ronge la société!

(*Résultat d'une application immédiate du projet.*) — Il nous reste à parler d'un dernier point.

L'institution que nous proposons exigera un temps assez long pour produire tous ses résultats. Ce n'est que dans quarante années environ qu'ils seront complets, à moins qu'on ne veuille s'imposer plus de charges que nous n'en réclamons. ·

Au point de vue des individualités, cette période est longue; mais, en examinant la question de plus haut, c'est-à-dire pour le pays, pour la société, quarante années forment un délai fort limité.

Mais, le temps, nous l'avons dit, est le levier le plus puissant qu'on puisse employer pour atteindre le but proposé; c'est le seul moyen qui permette de réclamer peu d'efforts, et de réussir sûrement et sans secousse, ni peine réelle.

On n'y peut rien changer; les ressources qu'il faudrait obtenir pour suppléer au temps et remplir, dès maintenant, les promesses de l'avenir seraient immenses, irréalisables, et la base d'un récolement régulier manquerait.

Il s'agit donc essentiellement d'une institution d'avenir, et notre projet n'atteindra son entier effet que pour ceux qui sont encore jeunes maintenant.

Mais, il n'en sera pas moins profitable, dans une étendue plus ou moins grande, aux hommes plus âgés ; pour eux, il y aura amélioration de la position actuelle, dans une limite déterminée, proportionnelle au temps qui leur reste à courir pour atteindre l'âge de la jouissance de la rente. — Ainsi le veut la loi de l'épargne, qui demande de longues années pour produire un résultat important, avec de légers sacrifices.

En vérité, ne serait-ce pas déjà un grand bien que d'obtenir 300 francs, 500 francs, 1,000 francs, 1,200 francs de rentes à soixante ou soixante-cinq ans, au lieu de rester sans ressources au jour de la vieillesse ?

D'ailleurs, les efforts volontaires pourraient être plus grands, pour compenser le manque de temps et permettre d'approcher du but, même de l'atteindre.

La charité pourrait aussi jouer temporairement un grand rôle, en aidant le pauvre atteint par le temps, comme nous lui avons demandé plus haut de soutenir le malheureux frappé par la maladie et le manque de travail.

TROISIÈME PARTIE.

DU PRINCIPE QUI PEUT PRÉSIDER A L'APPLICATION DE L'ÉPARGNE JOURNALIÈRE.

Après avoir étudié l'épargne en elle-même et déterminé l'importance de l'effort à accomplir par chacun pour constituer la garantie de l'avenir, il reste à examiner les conditions dans lesquelles cette épargne peut s'effectuer pour obtenir des résultats étendus.

Il se présente, en effet, deux hypothèses : l'une, de généraliser le plus possible l'épargne, en mettant en œuvre tous les moyens d'action dont peut disposer une société, un état organisé ; l'autre, de poursuivre un but plus limité et de recourir seulement aux conseils, aux exemples et aux encouragements, pour engager les intéressés à faire des efforts et les aider dans cette voie.

Nous allons passer ces deux principes en revue.

(*De l'inertie qu'il faut vaincre.*) — Nous avons vu dans le cours de cet exposé que l'inertie des intéressés est l'obstacle le plus redoutable qu'on ait à vaincre.

A ce sujet, on ne doit se faire aucune illusion ; les plus intéressés seront peut-être les premiers à délaisser, souvent d'une manière inconsciente, le bien qui s'offre à eux et qu'il leur est si facile de saisir.

En effet, on est malheureusement obligé de reconnaître que les sociétés de secours mutuels, la Caisse des retraites, ainsi que les compagnies d'assurances sur la vie et autres sociétés analogues, ne se développent que dans une trop faible mesure. Leur clientèle, encore restreinte, si on la compare à la masse de la population, accuse des progrès également trop lents, bien que précieux et très-remarquables en eux-mêmes, pour faire espérer une application suffisamment complète dans un avenir même éloigné.

Le fait suivant démontrera la nécessité de suppléer à la pure initiative individuelle, si l'on veut obtenir un résultat sérieux :

Quatre cent mille comptes environ sont ouverts aujourd'hui à la Caisse des retraites. Ce nombre est bien faible, si on le rapproche de la multitude de gens dont l'avenir est incertain, et il prouve par lui-même la nécessité d'une règle tutélaire. Eh bien, il aurait été presque nul, si l'initiative purement individuelle était restée la seule force d'impulsion.

« En effet, il n'existe pas seulement 5,000 comptes volontaires, « *cinq mille!* tous les autres comptes sont obligatoires; ils appar- « tiennent à des agents de l'administration des tabacs, à des can- « tonniers, à des employés de tous grades de plusieurs compagnies « de chemins de fer, de diverses sociétés financières ou de grandes « maisons industrielles ou commerciales, qui exigent l'ouverture de « ces comptes, ce qui a lieu d'ailleurs sans résistance. »

D'un autre côté, il est vrai que la majorité des personnes qui épargnent aujourd'hui, en vue de leur vieillesse, dans des conditions analogues à celles que nous indiquons, augmentent de courage et de persévérance avec le temps.

Il est donc incontestable qu'il faut faire approcher tout le monde de cette source vivifiante, pour en faire sentir toute la valeur.

Soyons assurés que, sauf de rares exceptions, on ne tentera plus alors de s'en éloigner.

(*De la nécessité de fixer une règle d'épargne minime.*) — C'est pourquoi, si l'on envisage avant tout le but à atteindre et qu'on recherche des résultats étendus, on se trouve contraint, bien qu'avec un très-grand regret, de constater, en présence de l'immense force d'inertie qu'il faut vaincre, que, dans l'intérêt de tous, de la famille et de la société, il serait nécessaire de fixer une règle d'épargne pour la vieillesse, applicable dans son minimum et laissant chacun libre de faire au delà tout ce qu'il voudra.

Nous allons donc nous placer un moment sur ce terrain.

1° De la fixation d'une règle d'épargne.

Il est certain que si l'initiative individuelle est entachée naturellement d'impuissance plus ou moins grande, par suite de la résistance passive opposée par l'indolence générale, l'établissement d'une règle, si douce qu'on la puisse faire, soulèvera pour sa fixation même, des objections souvent fort vives, qu'on peut qualifier de résistances actives.

Mais, bien que ces dernières paraissent, à première vue, les plus grandes, elles n'en sont pas forcément les plus insurmontables.

La plupart des objections qu'on peut faire ici sont communes à tous les procédés d'application, et nous les avons examinées dans les pages précédentes de ce travail ; nous n'y reviendrons donc pas

Mais, il reste à parler de l'application même du principe d'obligation, de l'atteinte qu'il porte à la liberté individuelle et à faire valoir, par contre, ce qui milite en sa faveur.

(*De l'atteinte portée à la liberté individuelle.*) — On dira que fixer une règle d'épargne c'est porter atteinte à la liberté individuelle et que cela ne se peut pas. — On peut répondre :

La liberté individuelle est chose digne du respect de tous ; mais dans une société, quelles que soient sa forme et son organisation, ne vient-on pas chaque jour restreindre, limiter, régler cette liberté pour empêcher ou réprimer le mal, imposer des services militaires ou civils, établir et percevoir les impôts, prescrire des mesures de police, de salubrité ou d'ordre d'une application constante, en un mot fixer les rapports publics ou privés des différents membres de cette société? toutes mesures restrictives de la liberté individuelle.

En vérité, ne peut-on user du même droit pour obtenir un grand bien, car personne ne contestera que supprimer la misère dans la vieillesse ne soit un bien, non-seulement pour les intéressés directs, mais encore pour la société tout entière?

Vouloir conserver la liberté individuelle intacte sur ce point, c'est maintenir en définitive la misère pendant la vieillesse pour tous les déshérités.

Il faut donc choisir entre ces deux situations : garder la misère avec tous les malheurs qu'elle engendre, ou la détruire en fixant une règle modérée, également profitable à chacun et à la société, et limitant certes moins la liberté individuelle que ne le font nombre de mesures nécessaires prescrites pour des intérêts d'une bien moindre importance.

D'ailleurs, affranchir sûrement la vieillesse des entraves qu'apporte la misère, n'est-ce pas donner l'indépendance morale et matérielle dans ce qu'elle a de plus sacré?

On ne peut prétendre qu'il y ait intervention dans la fixation du taux des salaires.

Non-seulement la charge qu'il paraîtrait convenable de partager entre patron et ouvrier peut se transporter de l'un à l'autre, au gré des parties, mais en établissant qu'une faible parcelle de la journée doit être affectée à l'avenir, on détermine simplement une manière de payer le prix librement convenu, comme la loi a déjà fixé la monnaie légale du pays pour les transactions générales.

On ajoutera peut-être qu'on ne peut contraindre personne à faire son propre bien matériel.

Mais, outre qu'il n'y aurait pas grand mal à ce qu'il en fût ainsi, surtout lorsque l'intérêt général est lui-même en cause on peut se demander si ce ne sont pas les difficultés et l'incertitude des résultats et non pas la question de principe, qui ont fait hésiter le plus souvent à entrer dans cette voie.

D'ailleurs, n'existe-t-il pas déjà des obligations ou des défenses imposées surtout pour le profit de la personne qu'elles contraignent, notamment les interdictions de passer dans un endroit dangereux, de descendre d'un wagon en marche, celle encore de rendre insalubre sa propre habitation, et tant d'autres prescriptions préventives qui n'attendent pas le fait accompli pour s'exercer?

L'obligation pour l'artisan, avec responsabilité pour le patron, de faire partie d'une société de secours mutuels et de se cotiser, existe dans plusieurs régions de la Suisse et de l'Allemagne.

Enfin, l'instruction obligatoire, institution en voie de s'introduire en France et qui est appliquée dans plusieurs pays éclairés, prospères et soumis à un régime libéral modéré, procède du même principe : fixer une règle generale humanitaire, pour produire un bien personnel, intéressant en même temps ou par contre-coup la société entière.

Nous ne le cachons pas, en présence de ces faits et des souffrances de la misère qui étreignent tant de monde pendant la vieillesse, nous pencherions vers une règle d'épargne modérée et nous ne trouvons pas bien concluantes les objections qu'on oppose.

Cependant, si on éprouve trop de répugnances pour cette règle, nous sommes acquis dès aujourd'hui à toute amélioration qu'on peut vouloir tenter en dehors de son action ; aussi nous rechercherons plus loin ce qu'on pourrait faire sans elle.

(*Application du principe de la règle d'épargne.*) — Nous ne voulons pas entrer dans de grands détails au sujet de l'application du principe de la règle d'épargne, parce que les moyens peuvent varier suivant ce qui serait accepté.

Nous dirons simplement, en restant momentanément sur ce terrain, qu'on pourrait obliger les patrons à exiger de leurs ouvriers la présentation de livrets d'épargne.

Si la participation du maître était admise, le versement effectué par l'ouvrier entraînerait obligation légale pour le patron, charge dont l'intéressé ne manquerait pas de réclamer la réalisation.

Les listes de versements des patrons et ouvriers devraient être affichées dans les ateliers pour former contrôle.

Si, dans le but d'obtenir une simplification dans la pratique, on jugeait inopportun de contraindre légalement l'ouvrier, pour ne faire porter l'obligation que sur le patron, situation qui ne détruirait en rien leur liberté de transporter, d'un commun accord, la charge de l'un à l'autre, le patron pourrait être tenu de droit de payer sa contribution, qui ne serait acquise à l'ouvrier que par suite de son propre versement, qu'il aurait alors tout intérêt d'effectuer.

Les excédants que, dans ce cas, les versements des patrons pourraient présenter, formeraient un fonds de ressources sans affectation personnelle, destiné, d'une part, à venir en aide aux infortunes réelles, aux veuves, aux blessés et infirmes, et, d'autre part, à compléter ou augmenter les rentes viagères de tous ceux qui auraient épargné, c'est-à-dire fait des efforts ; car il importerait avant tout que celui qui ne s'est imposé aucun sacrifice, ne profitât pas d'avantages qu'il n'a pas mérité d'obtenir.

Certes l'application d'une règle d'épargne doit présenter de grandes difficultés, et l'on pourrait même, à première vue, taxer le principe d'impraticable.

Si l'on entend ne faire la part d'aucune défaillance, ce grief est fondé. Mais alors aucun système n'est possible, pour une chose aussi vaste.

Si l'on n'a en vue, au contraire, qu'une application suffisante, convenable, simplement générale, et non absolue, en un mot une très-grande amélioration, seul but à poursuivre, l'appréciation est trop rigoureuse.

Il faut noter que la loi constituerait surtout une règle s'appuyant sur l'intérêt des individus.

Elle leur donnerait une sorte de récompense par l'aide qu'elle apporterait ;

Elle pourrait procurer des avantages particuliers basés sur une vie régulière de travail ;

Elle rehausserait l'ouvrier ;

Elle permettrait de lui demander la cause de ses défaillances ;

Elle permettrait une rigueur plus grande dans la délivrance des secours réclamés par ceux qui n'auraient pas rempli leurs devoirs ;

Elle ferait voir à l'ouvrier la sécurité de l'avenir, et lui garantirait la possibilité de l'obtenir, chose qu'il ne connaît pas aujourd'hui.

Une loi réunissant ces éléments d'action ne resterait pas à l'état de lettre morte.

Ajoutons l'obligation très-réelle, très-pratique s'exerçant vis-à-vis des patrons et rejaillissant sur les ouvriers.

Peut-on penser que le patron, homme très-saisissable, se mettra volontairement en contravention avec la loi ?

La nécessité de moraliser l'ouvrier avec qui il est en rapports journaliers, est d'un grand intérêt pour lui, et le sollicitera vivement de remplir son devoir.

Enfin, une loi morale ou humanitaire n'est pas d'une application forcément exigible, dans tous les cas. On en trouverait des exemples, notamment la loi Grammont, celle contre l'ivresse, etc. — La société ne périt pas, parce qu'un assez grand nombre d'infractions ne sont pas atteintes : ces lois n'ont d'autre but que de fixer un principe général.

Eh bien, la loi que nous avons en vue, donnant droit et aide à l'ouvrier, l'obligerait par le patron et lui garantirait les résultats de ses efforts. — Et il abandonnerait tout cela? Oui, peut-être aujourd'hui, où il doute ; non, quand il saura que les promesses ne sont pas trompeuses, et qu'il sera sollicité de remplir son devoir et intéressé à l'accomplir.

On peut donc penser qu'il y a là un ensemble suffisant d'avantages et d'obligations, pour une loi essentiellement humanitaire.

Nous répétons que nous entendons parler ici des ouvriers laborieux, et qu'une application moyenne de la loi serait déjà un immense et heureux résultat.

Si la généralisation de l'épargne devenait complète par la suite, (large mesure qui prendrait un caractère élevé, permettrait d'établir des dispositions plus générales d'avantages et d'obligations et répondrait aux besoins et à l'esprit de notre siècle), combien de gens un peu aisés, après s'être constitué leur pension pour parer aux revers possibles, en abandonneraient annuellement tout ou partie, pour former ainsi un grand fonds de réserve permettant de donner des encouragements et de venir en aide aux malheureux, qui se verraient forcés d'interrompre momentanément leurs versements ?

La charité est inépuisable, on la trouve toujours prête : il suffit de lui fournir l'occasion de s'exercer, et surtout, pour qu'elle soit féconde, de la rendre régulière.

2° De l'initiative individuelle.

(*De l'initiative individuelle.*) — Après avoir vu ce qui peut être invoqué en faveur de la fixation d'une règle d'épargne, dont la cause réside dans l'inertie individuelle à surmonter et dans les grands résultats qu'il est désirable d'obtenir, on doit reconnaître que cette règle est appelée à rencontrer, au moins à son début, en dehors de toute application, des résistances plus ou moins tenaces.

Dans la question qui nous occupe et qui a pour premier et principal objectif d'essayer de faire un peu de bien, il faut avant tout envisager l'œuvre à accomplir et ne négliger aucune amélioration, son étendue fût-elle limitée.

Bien que l'initiative individuelle ne soit appelée à produire, si l'on en juge par le passé, que des résultats partiels et sans doute même insuffisants, par comparaison avec tout ce qu'il faudrait réellement, elle est susceptible de se développer, si on l'encourage et si on lui montre nettement le but à poursuivre et les moyens de l'atteindre.

Il faut noter à son avantage qu'elle permet de commencer l'application sur une petite échelle, c'est-à-dire d'une manière immédiate, pour l'étendre graduellement au fur et à mesure des adhésions et qu'elle produit des effets complets pour les individualités qu'elle touche.

De plus, si, pour ne pas se faire d'illusion, on ne doit prévoir qu'une récolte modérée, alors qu'on désire une ample moisson, il faut observer que l'amélioration morale recherchée est obtenue certainement chez ceux qui se vouent d'eux-mêmes au culte de l'épargne, puisqu'elle doit précéder cette épargne au lieu d'en être la conséquence.

Là se trouve la difficulté de déterminer cette volonté personnelle à agir, mais aussi le meilleur profit en cas de succès.

Il est donc du plus grand intérêt, pour tirer de l'initiative individuelle tout ce qu'elle peut donner, que les personnes et les institutions qui s'occupent de prévoyance unissent leurs efforts, sous toutes les formes, pour préconiser l'épargne et faire connaître les conditions si faciles dans lesquelles elle peut s'exercer, avec la certitude, pour l'intéressé, d'atteindre le but qu'il s'est fixé.

De plus, tout en se maintenant dans le principe de l'initiative individuelle, il serait indispensable de compléter la vulgarisation de l'épargne par des dispositions générales qui vinssent augmenter les chances de succès, inspirer la confiance et affirmer les résultats.

En nous plaçant sur ce nouveau terrain, nous essayerons donc d'indiquer les dispositions qu'il serait nécessaire de prendre, suivant nous, pour développer cette amélioration autant que possible.

Nous avons vu que la presque nullité des résultats obtenus jusqu'ici par l'initiative individuelle tient à diverses causes, au premier rang desquelles se trouvent l'inertie personnelle qui fait remettre au lendemain la mesure à prendre, l'effort à accomplir, puis l'insouciance pour un avenir assez éloigné, l'ignorance au sujet des grands résultats que peut produire une faible épargne commencée à temps, enfin, la crainte innée chez l'homme dont le gain est limité, de voir disparaître dans un placement insuffisamment garanti le fruit de ses économies, et de s'être imposé des sacrifices inutiles.

En laissant à l'initiative individuelle le soin de constituer le patrimoine de l'avenir, il devient plus nécessaire que jamais de stimuler les intéressés et de leur offrir la plus grande sécurité pour la conservation de leurs épargnes.

Afin de provoquer constamment la prévoyance, il paraîtrait utile d'établir de nombreux centres d'épargne, en s'appuyant à la fois sur les corps de métiers, comme dans les sociétés de secours mutuels, et sur les lieux de résidence, par localités dans la province et par quartiers dans les grandes villes, comme cela se pratique pour les caisses d'épargné et les sociétés municipales.

Ces centres, organisés à l'exemple de ceux que nous venons de citer, exerceraient une attraction autour d'eux, aussi grande que possible, par les conseils et les avis de toute nature, par l'exemple des faits, l'encouragement, les subventions. Les administrateurs, dont les fonctions pourraient être gratuites, et les adhérents de ces agglomérations seraient naturellement les propagateurs les plus actifs des principes de l'épargne.

Il s'agirait, au résumé, comme dans les caisses d'épargne scolaires, qui se développent considérablement en France en ce moment, de créer une émulation salutaire entre tous ceux qui, par leur résidence ou par leurs occupations, peuvent être mis en relations et se servir mutuellement d'exemple.

Continuer pendant la vie la pratique de l'épargne exercée sur les bancs de l'école, c'est là ce qu'il faudrait obtenir ; il est vrai que pour les adultes la tâche est plus lourde, les nécessités de la vie plus grandes et la force de l'exemple et des conseils moins puissante ; c'est pourquoi il faut prévoir les défaillances et ne négliger aucun encouragement, ni aucun moyen d'action.

Les procédés de recette et de comptabilité devraient, comme dans tout autre système, être des plus simples.

L'emploi des *bons d'épargne*, indiqués il y a quelque temps par M. Haas, paraît susceptible de donner d'excellents résultats, sans empêcher l'application simultanée de tout autre système de perception facile. Ces bons, destinés au payement de la parcelle du salaire appliquée à l'avenir et n'ayant de valeur qu'en les versant au compte de retraites, après oblitération au nom de l'ouvrier, devraient être vendus partout comme les timbres-poste et ceux d'acquits.

En effet, il serait utile, pour activer l'initiative individuelle, et ne pas perdre le fruit d'une seule velléité d'épargne, que tout le monde eût toujours sous la main, sans dérangement, la monnaie destinée à l'avenir, afin que le patron pût payer ainsi aisément la partie convenue du salaire ou un supplément volontaire, et que l'ouvrier, disposant de quelques francs ou de quelques centimes, pût contribuer à former sa retraite, au moment même où il y pense.

Par ce moyen, les femmes, généralement plus prévoyantes que

leurs maris, pourraient prélever parfois, sur le salaire de la semaine, une légère part qu'elles attribueraient à l'avenir du ménage.
Cette petite pression, souvent répétée, produirait sans doute de
bons effets; il importerait donc au plus haut point de ne pas négliger ce moyen d'action.

La question de la sécurité du placement, qui est d'une importance primordiale, présente la véritable difficulté de l'organisation
que nous esquissons.

Il ne serait pas prudent de laisser isolées toutes les petites caisses
des centres d'épargne.

En effet, la mauvaise gestion de certaines de ces caisses, l'inexé-
cution de leurs engagements, jetteraient la défaveur sur les autres,
augmenteraient le manque de confiance que leur division inspirerait
déjà, et porteraient un coup funeste à tout l'ensemble.

Il semble donc qu'il serait nécessaire d'établir une institution
puissante et bien ordonnée.

Dès lors, les centres d'épargne ne seraient plus que les intermédiaires d'une Caisse générale, sorte de Caisse d'épargne spéciale,
ou de nouvelle Banque de France, placée, comme le sont les deux
établissements actuels, sous la haute surveillance et le patronage
de l'État, tout en conservant leur autonomie.

Ce serait, en définitive, une nouvelle Caisse générale des retraites pour la vieillesse, exerçant une action parallèle à celle de
la Caisse déjà créée par l'État, mais ayant son existence propre.

Il serait également nécessaire de ne promettre aucun avantage
exagéré, afin d'éviter les déceptions. Aussi, le tarif devrait être uni-
forme pour tout le pays; ce qui justifie encore la centralisation
des petites caisses.

Il vaudrait mieux restreindre les promesses, afin d'en assurer
le rigoureux accomplissement, sauf à répartir ultérieurement entre
les intéressés, au prorata de leurs contributions, les excédants
de ressources qui pourraient exister.

Ces bonis produiraient une sorte de dividendes ou d'intérêts va-
riables, qui ne pourraient qu'encourager à faire des versements.

Cette mesure de prudence serait applicable dans tous les systèmes.

En dehors de la Caisse générale, reconnue officiellement, des caisses spéciales libres pourraient, bien entendu, être créées, comme aujourd'hui, par les patrons ou toute autre personne, en vue de situations particulières.

Les grands ateliers pourraient ainsi constituer des centres, qui seraient créés par les patrons et fonctionneraient sous leur direction.

3° Vulgarisation de l'épargne journalière.

(*L'épargne journalière enseignée et pratiquée dans l'école*). — Nous ne saurions trop appeler l'attention sur les résultats qu'on obtiendrait en faisant connaître dans les écoles les effets de l'épargne journalière, en s'efforçant de la rendre familière à l'enfance, et même, en lui offrant les moyens de la pratiquer.

Les enseignements reçus à cet âge sont généralement les plus profitables et, en même temps, ceux qui durent le plus. Les notions de l'épargne sont d'ailleurs à la portée des jeunes intelligences.

Au cours des leçons, il serait facile, par des exemples et des sujets de composition, de lecture et de calcul, de faire ressortir les avantages de toute nature que présente l'épargne que nous avons en vue et d'en faire mesurer et toucher du doigt les résultats.

On parviendrait ainsi à en vulgariser complétement les procédés et les effets, à l'égal de toutes les autres notions élémentaires, et en détruisant l'ignorance à ce sujet, on aurait accompli une grande tâche et préparé un terrain fécond pour l'avenir.

D'un autre côté, la pratique de l'épargne est, dans une certaine mesure, du domaine de l'école. Nous n'en voulons pour preuve que les caisses d'épargne scolaires, qui fonctionnent régulièrement depuis plusieurs années, et qui ont pour but de créer à chaque enfant un léger pécule pour sa sortie de l'école, et surtout de lui donner des goûts et des habitudes d'ordre et de régularité.

On pourrait, à titre d'encouragement, attribuer une faible valeur monétaire aux bons points et aux récompenses journalières accordées aux enfants, valeur qui serait versée à leur profit, partie à la Caisse d'épargne ordinaire, partie à celle des Retraites, car les deux se complètent mutuellement. La commune du Grand-Montrouge a organisé ce service et y affecte 500 francs par an.

On pourrait surtout distribuer, lors des prix annuels, aux élèves les plus studieux ou les plus méritants, des livrets de retraite, comme cela se fait presque partout pour ceux de Caisse d'épargne.

Pour ne citer que les localités que nous avons plus spécialement à notre portée et qui s'inspirent des principes rappelés dans cet ouvrage, ces procédés d'émulation sont aujourd'hui, soit étudiés favorablement, soit mis en pratique dans les communes de Chaville, de Clamart, de Fontenay-aux-Roses, de Bourg-la-Reine, du Grand-Montrouge et dans les écoles du 8 arrondissement de Paris.

Ces prix, qui sont fondés soit par les municipalités, soit par des personnes, varient d'importance, en se tenant généralement entre 10 et 25 fr. Quelques-uns se sont élevés jusqu'à 100 francs. Les uns sont donnés une fois pour toutes, les autres sont renouvelables chaque année, tant que l'enfant reste à l'école, sous la seule condition que sa conduite continue à être bonne. Le VIIIe arrondissement de Paris distribue tous les ans un prix de cette nature dans chacune des 56 classes de ses écoles. (1)

Pour faire apprécier toute l'importance de cette institution, nous dirons qu'un jeune enfant recevant un prix de 10 fr. renouvelable, emporterait, après cinq années d'école seulement, une rente viagère de cent à cent vingt francs, suivant son âge et selon que le capital serait aliéné ou réservé, rente à laquelle s'ajouterait le supplément que produiraient les bons points et les versements que les parents, encouragés par le succès, ne manqueraient certainement pas de faire.

Ces renouvellements pourraient d'ailleurs ne s'appliquer qu'à quelques élèves et constituer une récompense spéciale.

Un prix unique de vingt-cinq francs, avec capital réservé, donnerait de 42 à 53 francs de rente, suivant l'âge de l'enfant auquel il serait décerné, et l'on obtiendrait 55 à 67 fr., en aliénant le capital. Avec cent francs, on aurait 160 à 200 francs de rentes, capital réservé.

Dans les cours d'adultes, ces prix produiraient également d'excellents effets.

De tels résultats permettent de supposer que l'enfant devenant homme et croyant enfin à la possibilité d'atteindre le but désiré, poursuivrait désormais la voie salutaire qu'on lui aurait indiquée et servirait ainsi d'exemple pour tous.

(*Vulgarisation de l'épargne.*) — Quelles que fussent les dispositions auxquelles on s'arrêterait définitivement, il serait de première nécessité de répandre, par tous les moyens possibles, la connaissance des principes et de la puissance de l'épargne, si faible qu'elle soit, et d'en vulgariser complétement les merveilleux effets. C'est le point de départ de tout essai.

Aussi nous n'ajouterons plus qu'une seule chose :

Si l'on ne voulait, ni adopter les dispositions que nous avons indiquées, ni constituer une chose aussi vaste; si l'on jugeait enfin qu'on ne doit pas demander aux patrons de sacrifices analogues à ceux que l'État et les grandes administrations supportent aujourd'hui pour leur personnel; qu'il ne faut rien exiger de l'intéressé lui-même; qu'aucune règle d'épargne minima ne peut être fixée; que la liberté individuelle doit rester intacte sur ce point, et que les efforts privés ne doivent pas être l'objet d'une organisation tendant à les provoquer et à les accroître, malgré la misère qui peut en résulter et ses conséquences funestes pour les individualités, la famille et le pays; en un mot, si l'on pensait définitivement que l'initiative *purement* individuelle dût seule agir et qu'il n'y eût rien à faire au delà des institutions actuelles, il ne nous resterait alors qu'à formuler le vœu suivant, tout en n'espérant pas qu'on parvienne à vaincre réellement l'indolence générale : ce serait qu'on répandît partout, à profusion, d'une manière ostensible et permanente, dans toutes les mairies, les écoles, les caisses, les places et carrefours, en un mot, tous les endroits publics extérieurs ou intérieurs de toutes les villes et de tous les villages, un avis simple et facile à comprendre de tout le monde, et disant en peu de mots :

« *En versant à la Caisse des retraites une cotisation sur le* « *pied de 5 centimes par jour, depuis l'âge de dix-huit ans jus-* « *qu'à soixante ans, l'État donne, à partir de ce dernier âge, à* « *toute personne, une pension viagère de 403 fr. 50 par an,* « *payable en tous lieux en France. En ne touchant qu'à 65 ans,* « *cette pension est de 740 francs.*

« *En versant 10 centimes par jour, ces rentes seraient doubles,* « *soit 817 francs ou 1,480 francs.*

« *On peut obtenir tout autre chiffre de rente, soit en versant*

« *plus ou moins, soit en commençant ou en finissant à d'autres*
« *âges.*

  « *On peut obtenir des rentes dès l'âge de cinquante ans.*

  « *Les versements interrompus ne sont pas perdus, le chiffre de*
« *la rente devient seulement plus faible.*

  « *On peut réserver le capital versé ou l'aliéner.*

  « *Les versements peuvent s'effectuer chez tous les receveurs*
« *des finances et par l'intermédiaire des Caisses d'épargne.* »

  « Nota. — Des Compagnies particulières d'assurances sur la vie et de mu-
« tualité font également des rentes viagères, en dehors de l'action de l'État. »

Sur ce dernier terrain : vulgariser l'épargne, tout le monde se
rencontre complétement. Que les résultats soient plus ou moins
complets, chacun contribuera et applaudira également aux succès
obtenus.

Détruire l'ignorance qui existe encore aujourd'hui au sujet de
l'épargne, c'est essayer d'ouvrir les portes de l'avenir.

RÉSUMÉ.

Nous rappellerons qu'après avoir constaté le découragement qui
s'empare de l'homme sans lendemain et les terribles effets, pour
les individus, pour la famille et pour la société, de la perspective
de la misère dans la vieillesse, nous avons démontré qu'il suffirait
d'une épargne très-faible, mais régulière et soutenue, pour rendre
la confiance en l'avenir et garantir la vieillesse d'une manière
certaine.

Nous avons donc établi qu'avec une simple réserve de 10 centimes par jour, on pouvait constituer sûrement plus de 800 francs de
rentes viagères à soixante ans (ou près de 1,800 francs à soixante-
cinq), et qu'en limitant le sacrifice à 6 ou même 5 centimes, on
obtenait encore 500 francs et 400 francs de rentes, chiffres plus
spécialement applicables aux femmes et aux artisans des petites
villes et de la campagne, dont le gain et les dépenses sont plus
restreints.

L'épargne se constituant au moyen des ressources provenant du
travail, nous avons pensé qu'il serait bon que la charge en fût

supportée par l'ouvrier et celui qui l'emploie, afin d'établir un lien direct entre cette épargne et la source qui la produit, de créer une émulation et un contrôle réciproques pour les versements, d'instituer une récompense, une rémunération spéciale pour l'effort accompli, et de laisser en même temps à·l'intéressé le souci de garantir son propre avenir, tout en lui apportant une aide efficace.

Dans cet ordre d'idées, l'État a naturellement le soin de contribuer, pendant leur présence sous les drapeaux, à l'avenir de ceux qui sont appelés dans les rangs de l'armée, pour la défense du pays.

Nous avons noté que l'épargne forme une propriété entièrement personnelle et non pas commune, limitant les droits de chacun pour et contre lui. En effet, elle s'accroît par le simple exercice du temps et de la mortalité comme dans tout service viager, mais elle donne un droit direct, personnel et fixe. Le capital peut être réservé par l'intéressé s'il préfère abaisser sa rente de 800 francs à 600 environ, ou de 400 francs à 300; enfin, si nous proposons de verser ce capital dans les caisses de l'État, c'est uniquement pour offrir toute sécurité aux yeux de tous; mais l'État ne joue ici que le rôle de caissier général, recevant au préalable l'équivalent de ce qu'il rendra, et nous accepterions tel autre trésorier qu'on voudrait, présentant des garanties suffisantes.

Nous avons montré que toutes ces dispositions accroîtraient le goût du travail par les heureux résultats qu'elles lui feraient produire; qu'elles ne satisferaient strictement qu'aux nécessités de la vie sans répandre un luxe superflu et nuisible, et qu'elles développeraient les aptitudes de régularité et d'épargne que la perspective du succès peut seule augmenter ou faire naître.

Nous avons vu aussi que, si l'application de nos principes venait à s'étendre ultérieurement à tout le monde, on créerait certainement pour la charité des ressources considérables et sans cesse renouvelées, qui permettraient de venir efficacement en aide à ceux que la maladie ou le manque réel de travail, auraient arrêtés dans l'œuvre de la constitution du petit patrimoine de leur vieillesse.

Enfin nous avons examiné les deux principes qui peuvent présider à la constitution de l'épargne journalière.

La persévérance étant la condition principale, essentielle même du succès, nous avons été amenés, devant les preuves irrécusables de faiblesse données par l'initiative individuelle, à reconnaître qu'une loi fixant une règle d'épargne minima devenait nécessaire, si l'on voulait établir une base large et solide, afin de surmonter l'indolence générale et de mettre les ressources réalisées progressivement à l'abri des défaillances personnelles et des incertitudes de la vie.

L'intérêt de chacun et celui de la société justifiant cette loi humanitaire, d'ailleurs beaucoup moins restrictive de la liberté individuelle que nombre de dispositions mises journellement en vigueur pour des objets d'une bien moindre importance, nous avons vu, en restant sur ce terrain, que son application, sans être rigoureuse, serait possible, en s'appuyant sur l'intérêt personnel et sur les moyens d'action effective que présentent les patrons.

D'un autre côté, nous avons dû envisager ce qu'il conviendrait de faire si l'on ne voulait pas recourir à l'obligation, et nous avons reconnu qu'en présence de l'insuffisance des efforts accomplis jusqu'à ce jour par la pure initiative personnelle, il serait de la première nécessité, pour espérer obtenir des résultats notables, d'organiser une institution d'ensemble, avec ramifications, stimulant et réunissant toutes les bonnes volontés et présentant surtout, d'une manière incontestable et à première vue, par son importance même, la plus grande sécurité pour les intéressés.

En terminant, nous devons rappeler que l'adoption des bases que nous avons indiquées n'est pas rigoureusement indispensable, pour assurer l'exécution de notre projet.

Nous les avons prises pour donner plus de corps à nos explications; elles nous ont paru répondre convenablement aux exigences ordinaires de la vie moyenne des classes ouvrières, en n'imposant que des charges très-supportables et bien équilibrées, pour assurer des résultats très-satisfaisants, sans être excessifs.

Mais toutes les conditions d'âge, de versements, de participation, de chiffres de rentes, etc., pourraient être modifiées, en plus ou en moins, suivant les lieux, les temps, les besoins, les ressources dont on disposerait et le but qu'on se fixerait.

Les principes que nous avons exprimés n'en subsisteraient pas moins; ils seraient toujours applicables. La mesure des efforts et des résultats serait seule changée.

Nous avons longtemps hésité à écrire les lignes qui précèdent, et dont le but essentiel est de vulgariser les grands et heureux effets que peut produire une épargne très-faible, mais permanente. Les quelques idées que nous avons exprimées dans cet essai, ne sont pas nouvelles pour nous; depuis bien des années nous nous en occupons; mais nous avons laissé passer cette longue période de temps pour les éprouver.

Nous avons conservé entière la conviction qu'il était possible de faire quelque chose pour assurer l'avenir des pauvres. Nous croyons fermement que le plus grand bien en résulterait pour la famille et pour la société.

Nous remplissons donc aujourd'hui un véritable devoir en essayant de démontrer qu'en dehors des vaines théories, souvent émises sans résultat possible, il existe un terrain solide permettant d'arriver à une application sérieuse, avec l'aide et la ferme volonté de tous.

Lorsque l'entente définitive se sera faite sur le fond même de la question de l'épargne et sur l'étendue de son application, il restera à examiner les menus détails se rapportant à la mise en pratique journalière et nous serons tout disposés à prêter notre concours pour cette étude.

Nous nous estimerons largement récompensés, si notre modeste travail peut contribuer, dans une mesure quelconque, à provoquer une amélioration, et nous serons heureux si, même en dehors de nous, de plus habiles ou bien les Pouvoirs dirigeants, poursuivent jusqu'au bout la voie que nous n'avons fait qu'indiquer aujourd'hui.